GottesdienstPraxis
Serie A

Arbeitshilfen für die Gestaltung
der Gottesdienste im Kirchenjahr

Herausgegeben von Sigrun Welke-Holtmann

GottesdienstPraxis

I. Perikopenreihe

Band 3:
Misericordias Domini bis 9. Sonntag
nach Trinitatis

MIX
Papier | Fördert
gute Waldnutzung
FSC   FSC® C014496
www.fsc.org

Penguin Random House Verlagsgruppe FSC® N001967

1. Auflage
Copyright © 2025 Gütersloher Verlagshaus, Gütersloh,
in der Penguin Random House Verlagsgruppe GmbH,
Neumarkter Str. 28, 81673 München
produktsicherheit@penguinrandomhouse.de
(Vorstehende Angaben sind zugleich
Pflichtinformationen nach GPSR)

Umschlagentwurf: Finken & Bumiller, Stuttgart, unter Verwendung des
Bildes »vollbracht« von Cornelia Patschorke, © Cornelia Patschorke, München,
www.cornelia-patschorke.de
Satz: Buch-Werkstatt GmbH, Bad Aibling
Druck und Einband: GGP Media GmbH, Pößneck
Printed in Germany
ISBN 978-3-579-07592-1
www.gtvh.de

Inhalt

Misericordias Domini
Joh 10,11-16(27-30)

Friederike Reif

Erste Begegnung mit dem Text

Jesus als der gute Hirte – das ist ein so gewohntes Bild, so selbstverständlich, dass es manchen schon abgegriffen vorkommen mag. Und doch: Mir ist es ein wichtiges Bild, vielschichtig in seinen Aspekten und ausdrucksstark. Es kann in der Gegenwart Wirkung entfalten, obwohl die Lebenswirklichkeit den Beruf des Hirten, der Hirtin kaum noch enthält. Was schwingt alles mit beim Hören? Welche Erwartungen weckt das Bild? Und was weckt es heute anders als zur Zeit der Entstehung des Johannesevangeliums? Beim schlechten Hirten bleibe ich hängen. Ich denke an aktuelle Entwicklungen in Politik und Gesellschaft weltweit. Beispiele für falsche Hirten gibt es genug; ich betrachte mit Sorge, wie viele ihnen begeistert folgen.

Exegetische Skizze

»Ich bin der gute Hirte.« Dieses Bild Jesu hat sich in der Geschichte des Christentums als besonders wirkmächtig erwiesen. Es ist geläufig, vertraut, zählt zu den Grundlagen unseres Glaubens. Der 2. Sonntag des Osterfestkreises ist dem guten Hirten gewidmet, innerhalb der vielfältigen christlichen Gemeinschaften wird Jesus damit identifiziert. Somit hat diese Perikope wesentlich die christliche Theologie mitgeprägt. Die synoptischen Evangelien kennen diese Aussage nicht explizit (implizit vgl. Mt 27,31par, Mt 25,32). Das Bild von Jesus als dem guten Hirten knüpft dabei an die alttestamentliche Tradition an: In der prophetischen Tradition wird G*tt als guter Hirte des Volkes Israel wahrgenommen. Wo die Führung des Volkes kritisiert wird, ist im Gegenüber dazu von den schlechten Hirten die Rede (vgl. Ez 34).

Auch Jesus in der vorliegenden Perikope bezieht sich auf das Gegenüber von gutem und schlechtem Hirten, wobei er dem schlechten das Hirtensein abspricht (V. 12b). Jesus klassifiziert den wahren Hirten als jenen, der sein Leben einsetzt für die Schafe, wohingegen der bezahlte Arbeiter, dem die Schafe nicht gehören, sich bei Gefahr in Sicherheit bringe und die Schafe sich selbst überlasse. Jesus betont seine Verbindung zur Herde und setzt sie gleich mit seiner eigenen Verbindung zum Vater. Die V. 27–30, die zur Predigtperikope ergänzt werden, betonen diese Verbindung noch und münden in die Aussage »Ich und der Vater sind eins.«

Deutlich wird der christologische Aspekt des Abschnitts. Jesus offenbart sich mit seiner Ich-bin-Aussage als Sohn G*ttes, der das göttliche Werk erfüllt. Das Johannesevangelium insgesamt ist christologisch ausgerichtet, zielt darauf ab, Jesus als den Messias und Sohn G*ttes zu identifizieren, die grundlegenden Glaubensinhalte klar zu formulieren.

Das Geschehen ist deutlich zum Kreuz hin orientiert, was schon die Ausdrucksweise verrät: Die verwendeten Begriffe sind bei Joh mit dem Kreuzesgeschehen verbunden. (Zumstein, 393)

Dabei widerspricht die innere Logik des Hirtenbildes einem Sühnetodverständnis: Würde der Hirte sich für die Schafe opfern, wären sie hilflos der weiteren Bedrohung ausgesetzt, dabei geht es darum, die Zukunft der Herde zu sichern. »Das so in Kauf genommene Sterben wird schöpferisch, weil es den anderen Mitgliedern der Gemeinschaft das Leben ermöglicht.« (Zumstein ebd.)

Das Bild vom guten Hirten transportiert bereits im AT die Idee von lebensbewahrendem Führen. (vgl. Klaiber, 274) Ziel ist das Wohlergehen der Tiere, versorgt und bewahrt zu einem guten Leben. Dazu wird in der Perikope das von Vertrauen geprägte Miteinander von Herde und Hirte betont. Die V. 27–30 weiten die Vorstellung von Wohlergehen auf ewiges Leben aus. V. 16 ergänzt den Aspekt, dass das Wirken des Hirten Jesus über das Volk Israel hinausgeht.

Das JohEv richtet sich an eine christliche Gemeinschaft, die keinen direkten Bezug mehr zu den Ereignissen um Jesus hat. Ihr Glaube soll gestärkt werden. Das Evangelium ist eine Komposition aus der Überlieferung und ihrer Interpretation, das eine nachhaltige Wirkungsgeschichte entfaltet hat. So nachhaltig, dass uns Heutigen das Bild von Jesus als dem guten Hirten grundsätzlich vertraut ist. Die Frage ist, wie es für uns zum Sprechen gebracht wird in den Alltag hinein.

Literatur:

Klaiber, Walter, Das Johannesevangelium. Teilband 1: Joh 1,1–10,42, Die Botschaft des Neuen Testaments 13, Göttingen 2017

Zumstein, Jean, Das Johannesevangelium, KEK Bd. 2, Göttingen 2016

Weg zur Predigt

Der gute Hirte – so vertraut wie abgegriffen. Weckt der Predigttext Erwartungen oder inneres »Abwinken«? Einen Anknüpfungspunkt in unsere Gegenwart braucht es. Ein zentraler Punkt der Perikope ist, dass der gute Hirte sein Leben einsetzt. Es gibt genügend Beispiele für Menschen, die sich selbst Gefahren aussetzen, um andere zu retten. Beispiele für Menschen, die andere zum eigenen Vorteil (ver-)führen wollen, gibt es aktuell leider mehr als genug.

Predigtthema

G*ttes Barmherzigkeit hat das Wohl der Gemeinschaft im Blick und befähigt, das eigene Handeln darauf auszurichten.

Vorschläge zur Liturgie

Gebet zum Eingang

G*tt,
deine Liebe hält uns.
Du führst uns den Weg zum Leben,
du stehst uns zur Seite, wenn es dunkel und schwer wird.
In Jesus gibst du uns Beispiel,
wie wir einander begegnen mögen.
Stärke uns in diesem Gottesdienst.
Öffne uns für die, die uns begegnen.
Ermutige uns, deine Liebe zu leben
zum Wohle deiner Schöpfung.
Amen.

Psalm: Ps 23

Lesung: Ez 34,1–2.10–12a.31

Fürbitten

G*tt,
du hast Jesus auf den Weg geschickt,
deinen Menschen ein guter Hirte zu sein.
Uns rufst du in die Nachfolge,
dass wir wirken für eine Welt,
die deiner Liebe entspricht.

Wir bitten dich für Menschen,
die in Politik und Gesellschaft in Verantwortung stehen;
stärke sie, das Wohl aller in den Blick zu nehmen,
ermutige sie, das Miteinander zu fördern in allen Belangen.

Wir bitten dich für die Menschen,
die als falsche Hirtinnen und Hirten auftreten;
lass sie erkennen, wo sie anderen schaden,
öffne ihnen die Augen für Wege, die zu dir führen.
Lass die, die ihnen folgen, erkennen,
dass sie fehlgehen.

Wir bitten dich für all die,
die unter der Ungerechtigkeit in unserer Welt leiden:
Für die Hungernden, die Menschen in Kriegsgebieten und auf der
Flucht,
die Verfolgten, die politischen Gefangenen,
für alle, die Gewalt erfahren und Not leiden.

Stärke uns da, wo wir sind,
das zu tun, was notwendig ist,
damit die Welt sich wandelt hin zu Gerechtigkeit.

Lieder: EG (Pfalz) 670 Ein neuer Tag beginnt; EG 409,1.6–8 Gott liebt
diese Welt; NL plus 165,1–3 Jesus, du guter Hirt; EG 420 Brich mit den
Hungrigen dein Brot; EG (Pfalz) 662 Schenk uns Weisheit, schenk uns
Mut

Vorschlag zur Predigt

Möglicher Anfang

Kennen Sie Hubert Schilles? Der Name sagt Ihnen womöglich nichts, aber höchstwahrscheinlich haben Sie schon gehört, was er getan hat. 16. Juli 2021. Eine katastrophale Flut hat in Rheinland-Pfalz und Nordrhein-Westfalen weit über hundert Menschen getötet. Bilder der Verwüstung. Es droht weitere Gefahr: Die Steinbachtalsperre steht nahe davor, unter den Wassermassen zu brechen. Die Folge wäre Zerstörung katastrophalen Ausmaßes. Um Entlastung zu schaffen, muss die Wassermenge verringert werden, doch angeschwemmtes Geröll und Erde verstopfen den Abflussweg. Jemand muss mit dem Bagger das Schwemmgut abräumen, um die Situation zu entspannen. Dabei liegt der Abfluss 18 Meter unterhalb der Wasserlinie auf der anderen Seite. Die Lage ist eindeutig: Sollte der Damm brechen, während am Abfluss gearbeitet wird, gibt es keine Überlebenschance für die Person, die am Werk ist.

Sie haben es sicher schon erraten: Hubert Schilles ist der Name des Baggerführers, der dieses Risiko auf sich genommen hat, um die Steinbachtalsperre und damit das Leben zahlreicher Menschen zu retten. Unter Einsatz seines eigenen Lebens hat er über sechs Stunden lang die notwendigen Arbeiten ausgeführt. Das Unterfangen gelang – Wasser konnte abfließen, die Talsperre stabilisiert werden. Hubert Schilles erzählte im Nachhinein, er habe nicht lange nachgedacht und sich auf die Aufgabe konzentriert. Bewusst war ihm die Gefahr – der Besitzer eines Baggerunternehmens konnte sich nicht vorstellen, einen seiner Angestellten für diesen Job einzusetzen. »Ich kann dieses Risiko doch keinem zumuten, da reinzufahren«, so wird er auf stern.de zitiert.

Da riskiert einer sein Leben, um das Leben anderer zu retten. Wie Hubert Schilles gehandelt hat, beeindruckt, ebenso, wie bescheiden er sich im Anschluss gegeben hat. Er verweist darauf, dass das doch andere in der Situation auch gemacht hätten. Ist das so?

Zum weiteren Verlauf

Aus dem Johannesevangelium hören wir die Worte Jesu: »Der gute Hirte setzt sein Leben ein für die Schafe.« Das Bild vom guten Hirten, das Jesus hier für sich verwendet, ist uns in seiner Vertrautheit selbstverständlich. Es gehört zu den Grundlagen unseres Glaubens, Jesus damit zu identifizieren.

Die Evangelien des Neuen Testaments erzählen die Geschichte Jesu mit ihrem je eigenen Schwerpunkt – so ist unser Bild von Jesus vielschichtig. »Ich bin der gute Hirte.« Allein das Johannesevangelium überliefert uns Heutigen, wie Jesus so von sich spricht. Ein eingängiges Bild, das große Wirkkraft zeigt. So vertraut, so selbstverständlich eben. Als Heutige müssen wir schon genau hinschauen oder hinhören, um uns bewusst zu machen: In der Überlieferung des Volkes Israel beschreibt das Bild G*ttes Verhältnis zum auserwählten Volk. Wenn Jesus also von sich selbst als dem guten Hirten spricht, markiert er damit deutlich den Anspruch, G*ttes Sohn zu sein. Was uns heute vertraut ist, wirkte damals neu und – je nach Perspektive – anmaßend.

»Der gute Hirte setzt sein Leben ein für die Schafe.« Versuchen wir es mit den Ohren derer zu hören, für die der Glaube an Jesus als Sohn G*ttes noch etwas völlig Neues, nie Dagewesenes ist: Jesus erweist sich als G*ttes Sohn – und als solcher setzt er sogar sein Leben ein? Bleiben wir im Bild des guten Hirten, hat das zwei Seiten: Es verdeutlicht, wie wichtig dem Hirten die Schafe sind, wie ernst er seine Aufgabe, sie zu beschützen, nimmt. Zugleich aber muss klar sein: Wenn der Hirte sterben sollte, könnte er seine Aufgabe nicht mehr erfüllen.

Stellen wir uns vor, wie Jesus das Bild entfaltet: Da ist eine Schafherde und ein Mensch, der sie hütet. Ein Wolf nähert sich. Es wird gefährlich – für die Tiere ebenso wie für die Person, die sie hütet. »Er ist kein Hirte, und die Schafe gehören ihm nicht«, benennt Jesus eine Möglichkeit. Wer hier nur seinen Lebensunterhalt verdient, ohne dass ihm oder ihr die Schafe wirklich am Herzen liegen – so jemand wird sein eigenes Leben als wichtiger erachten. »Wenn er den Wolf kommen sieht, lässt er sie im Stich und läuft weg.«

Der gute Hirte aber setzt sein Leben ein. Wir könnten das so verstehen, dass er sein Leben gibt – er stirbt, damit die Schafe leben. Aber das macht keinen Sinn: Wenn der Wolf den Hirten tötet, ist die Herde schutzlos; Tiere werden getötet und der Rest zerstreut sich ohne Führung. Wir können es aber auch so verstehen: Wenn es gefährlich wird für die Herde, begibt sich die Person des Hirten in Gefahr, um sie zu schützen. Jesus gibt zu verstehen: Ich bleibe, wenn Gefahr droht, und ich setze alles ein, was ich habe, um die Herde zu bewahren.

Wenn wir das weiterdenken, gibt uns das eine neue Perspektive im Blick auf Jesu Tod am Kreuz. Vor vierzehn Tagen haben wir Ostern gefeiert – Jesu Tod am Kreuz fest im Blick, baut unsere christliche

Hoffnung auf das, was folgt, die Auferstehung. Natürlich verbinden wir die Worte vom Hirten, der sein Leben lässt, mit Jesus am Kreuz. Das Johannesevangelium ist ganz auf dieses Geschehen ausgerichtet. Was beschrieben wird, hat schon stattgefunden, wenn der Evangelist sein Werk schreibt. Er will darstellen, wie Jesu Weg aussah, im Leben, im Sterben und danach. Denn Jesus ist das schöpferische Wort G*ttes, das in die Welt kommt, um Licht in die Dunkelheit zu bringen.

Vielfach ist der Tod Jesu am Kreuz so ausgelegt worden, dass Jesus Sühne tut für die Sünde der Menschen. Daraus spricht die Vorstellung, dass G*ttes Zorn durch Opfer besänftigt werden will. G*tt wiegt kühl berechnend auf, wieviel was wert ist, und welche Schuld welches Opfer braucht, um getilgt zu werden? Und die Menschen haben quasi ein Mittel in der Hand, G*tt zu beeinflussen, nämlich indem das Opfer nur groß genug ist? Ja, der Opferkult existierte im Volk Israel – doch dieses G*ttesbild wandelt sich im Lauf der Geschichte Israels, wir können die Entwicklung im Alten Testament nachvollziehen. Vor allem aber steht im Glauben an den einen G*tt etwas im Vordergrund: G*tt schützt die Schwachen und fordert die Menschen dazu auf; G*tt ist barmherzig und mahnt zur Gerechtigkeit.

Da knüpft Jesus an, und die Evangelien festigen für uns, was mit Jesu Wirken begonnen hat. G*ttes Liebe gilt den Menschen, auch wenn diese oft genug so gar nicht dieser Liebe folgen. Die Menschen sind eben frei in ihrem Handeln und fehlbar – wer könnte schon von sich sagen, nie von der Liebe oder der Gerechtigkeit abgewichen zu sein? Jesu Botschaft drückt immer wieder aus: G*tt vergibt, wo Fehler bedrücken und Schuld belastet. G*tt ermutigt, das eigene Handeln am Wohle aller und der ganzen Schöpfung auszurichten. G*tt sieht und erkennt, dass Menschen dabei scheitern können.

Jesus ist G*ttes Antwort darauf. Im Mittelpunkt von Jesu Wirken steht G*ttes Liebe und Barmherzigkeit, G*ttes Hinwendung zu den Menschen und G*ttes Willen, dass Gerechtigkeit die Welt bestimmen möge. Nicht, um sich für uns zu opfern, geht Jesus seinen Weg, sondern um mit seinem Leben die Botschaft von G*ttes Liebe zu erweisen. Jesus nimmt das Kreuz in Kauf, weil er für seine Botschaft steht, die auch auf Widerstand stößt; er geht seinen Weg konsequent, weil er als guter Hirte denen treu bleibt, die ihm folgen (und denen, die ihm folgen werden). Ostern offenbart, dass aus diesem Weg Jesu Hoffnung für die Welt erwächst.

Möglicher Schluss

»Ich bin der gute Hirte«, stellt Jesus im Johannesevangelium klar. Was aber heißt das für uns heute? Das Versprechen, das darin liegt, gilt über die Zeit hinweg auch uns. Mitten in der österlichen Freudenzeit besinnen wir uns darauf, dass wir zu G*tt gehören und G*ttes Liebe uns gilt. Halt und Zuversicht sind daraus zu erfahren.

Wir können aus den Worten zum guten Hirten auch eine Mahnung ableiten – nicht den falschen Hirten zu folgen. Diese gibt es zu jeder Zeit und gerade in unserer Gegenwart sind sie lautstark tätig; es gilt, ganz klar zu sagen: Wer Menschen ausgrenzt und Hass und Lügen verbreitet, dem geht es nicht um das Wohl der Gemeinschaft.

Nicht zuletzt ermutigt uns der gute Hirte: Wir hören die Worte aus der Perspektive derer, die in der Nachfolge Jesu leben. Wir können ebenso einstehen für das Wohl der Gemeinschaft, können mitwirken daran, die Welt dahin zu verwandeln, dass die ganze Schöpfung gut leben kann. Hubert Schilles hat die Kraft zum Handeln in der Not aus seinem Glauben gezogen. In dieser speziellen Situation war es das, was er tun konnte. Selten geht es in der Nachfolge darum, wörtlich sein Leben zu riskieren. Nachfolge bedeutet, in der eigenen Situation das zu tun, was im Sinne der Liebe und Barmherzigkeit G*ttes ist.

Jubilate
Spr 8,22–36

Merle Remler

Erste Begegnung mit dem Text

In poetischer Sprache erzählt die Weisheit von ihrer eigenen Erschaffung und davon, wie sie die Schöpfung der Welt begleitet hat. Ihr Lied klingt selbstbewusst, fast unabhängig vom göttlichen Geschehen, und dennoch untrennbar mit ihm verwoben. Es scheint, als würden Gott und Weisheit eine Einheit bilden, die Weisheit war eine Freude Gottes, und Gott schuf die Welt zur Freude der Weisheit. Vor allem das Bild des Spiels ist eindrücklich (V. 30 f.). Es erinnert an Familienszenen, Familien im Homeoffice würde man heute sagen, in denen die Kinder mit den Arbeitsmaterialien der Eltern spielen – weil es ihnen gelingt, aus allem ein Spiel zu entwickeln und sich an der Welt zu freuen. Es ist die Freude, das Geschaffene zu gestalten, es sich zu eigen zu machen. Dabei ist von Bedeutung, dass das Geschehen aus der Perspektive der Weisheit erzählt wird. Das erzählende Ich der Weisheit weiß genau, was geschehen ist. Sie hat die Schöpfung miterlebt und schafft damit einen Erlebensraum, der den Leser:innen durch die personale Perspektive emotional näher rückt als die auktoriale bzw. neutrale Erzählung der Schöpfungsgeschichte. Sie lädt uns ein, die Schöpfung aus ihrer Perspektive zu betrachten und setzt Gott durch die Beziehung, in der sie zu ihm steht, auch in einen Beziehungshorizont für die Leser:innen. Beeindruckend ist die Aussage, dass der Weg zum Leben, zu Gott, durch die Weisheit geschieht bzw. noch zugespitzter: Wer die Weisheit verfehlt, liebt den Tod (V. 36). Hier kommt eine existenzielle Dimension hinzu, die radikal und unausweichlich ist. In der Beschreibung der Weisheit erscheint selbst das mögliche Dazwischen der beiden Pole »lieben« und »hassen« als ein unerträglicher Zustand. Dadurch entsteht eine Radikalität, die wenig Grauzonen zulässt, sondern sich durch eine klare Richtungsweisung auszeichnet: Es gibt kein Entweder-Oder, kein Dazwischen. Es gibt nur den Weg der Weisheit, der zum Leben führt.

Exegetische Skizze

Das »Lied der Weisheit« (Spr 8,22–36) ist der am meisten diskutierte Text des Sprüchebuchs. Literarisch gesehen ist es ein Spätling, der erst auf redaktioneller Ebene in die Kapitel 1–9 integriert wurde, die in die Zeit des zweitens Tempels datiert werden (vermutlich 4./3. Jahrhundert v. Chr.). Bemerkenswert an diesem Text ist, dass die personifizierte Weisheit nicht nur als Weisheitslehrerin auftritt, sondern als erstes Schöpfungswerk JHWHs eine Position zwischen Gott und Mensch einnimmt, die in der deuteronomisch-deuteronomistischen Theologie allein Gottes Wort zukommt – der Tora.

Das Gedicht der Weisheit ist eine kunstvolle Komposition, hinter der sich keine sozialgeschichtliche Situation mehr erkennen lässt. Dabei weist es strukturelle Gemeinsamkeiten zum Schöpfungsbericht in Gen 1 auf, nämlich die Existenz einer Vorwelt, die Nennung von Schöpfungswerken und das Schöpfungshandeln Gottes, das als ordnend beschrieben wird. Bei der Erschaffung der Welt ist die Weisheit präsent und spielerisch aktiv. Bernd Schipper beschreibt es pointiert: »Prov. 8, 22–31 bietet (...) eine Perspektive, die als Genesis 1, Vers 0 bezeichnet werden könnte.« (Schipper 2018, 491. 527)

Vor allem das erste Verb in V. 23 ist für die weiteren Überlegungen interessant. In der Übersetzung Luther 2017 wird von רסך (einsetzen) ausgegangen. Jedoch ist nach Bernd Schipper ebenso eine Ableitung von רכס (weben) denkbar, die sich in den Kontext des Liedes einfügt und eine Parallele zu Psalm 139,13 aufweist (Schipper 2018, 525 f.). Die Übersetzung »weben« kann für die Gestaltung der Predigt herangezogen werden, da sie einen anderen Schwerpunkt für die Entstehung der Weisheit in Bezug auf ihren Schöpfer und möglicherweise der gesamten Schöpfung bietet.

Dass der Gottesname allein in V. 22 genannt wird, könnte ein Indiz dafür sein, dass dadurch die Eigenständigkeit der Weisheit gegenüber JHWH gewahrt werden soll.

Weg zur Predigt

Jubelt! Jubelt über die Schöpfung der Welt, jubelt über die Weisheit JHWHs, der unsere Welt so poetisch erschaffen hat, dass die Weisheit in ihr spielen mag. Das spielerische Gestalten der Weisheit im Vollzug der Schöpfung, wodurch sie für die Schöpfung selbst inspirierend zu wirken scheint, kann uns Inspiration für die Gestaltung unserer Welt sein. Dabei kann das Verb weben, anstelle der Übersetzung eingesetzt, leitend sein. Es gibt einen Hinweis auf das Gefühl einerseits, in eine Welt eingewebt worden, also am richtigen Ort zu sein und sich damit auch verorten zu können. Weben beinhaltet eine sehr dichte und vielschichtige Dimension. Sie ist weitaus kunstvoller, ja, liebevoller. Das Wort setzen dagegen erinnert fast an eine PowerPoint-Präsentation aus den 1990er Jahren: Das wichtige Wort fällt an die richtige Stelle. Zack, da sitzt es und ist nicht mehr wegzubewegen. Gewoben dagegen wird etwas mit Bedacht, mit Zeit, bunt oder einfarbig, in der Regel aber mit einem lang erdachten Muster, das im Prozess noch verändert werden kann – ähnlich wie die Schöpfung der Welt einer göttlichen Ordnung folgt.

Der Sonntag Jubilate stellt die Schöpfung, ja, die Neuschöpfung der Welt in den Mittelpunkt. Nachdem die beiden Sonntage nach Ostern, Quasimodogeniti und Misericordias Domini, das Handeln Gottes in den Mittelpunkt stellen, stehen die drei folgenden Sonntage im Zeichen der Reaktion der Gemeinde. Dabei macht der Sonntag Jubilate mit unserem Jubel über die Erneuerung der Schöpfung den Auftakt. In diesem Sinn ist auch unsere Haltung der Schöpfung gegenüber mit Hilfe des Textes zu bedenken. Die Weisheit, die uns das Lied der Schöpfung singt, ist der Weg zum Leben, der Weg zu Gott. Die Schöpfung selbst ist das Leben. Dieses Verwobensein macht die gegenseitige Verbundenheit deutlich.

Predigtthema

Verwobensein der Geschöpfe mit der Schöpfung und ihrem Schöpfer. Weisheit bedeutet, aus dieser Verbundenheit heraus, die spielerische Freude an der Welt zu behalten, sie zu gestalten und zu bewahren.

Vorschläge zur Liturgie

Zum Eingang
Es ist schon so. Der Frühling kommt in Gang.
Die Bäume räkeln sich. Die Fenster staunen.

Die Luft ist weich, als wäre sie aus Daunen.
Und alles andere ist nicht von Belang.
(...)
Man sollte wieder mal spazierengehn.
Das Blau und Grün und Rot war ganz verblichen.
Der Lenz ist da! Die Welt wird frisch gestrichen!
Die Menschen lächeln, bis sie sich verstehn.
(...)
Die Gärten sind nur noch zum Scheine kahl.
Die Sonne heizt und nimmt am Winter Rache.
Es ist zwar jedes Jahr dieselbe Sache,
doch es ist immer wie zum ersten Mal.

Erich Kästner

Votum

Im Namen des Vaters und des Sohnes und des Heiligen Geistes.
Amen.
Unsere Hilfe steht im Namen des Herrn,
der Himmel und Erde gemacht hat.
Und mit Himmel und Erde hat er auch uns gemacht. Unser Sein und
unser Werden.

Gebet

Gott, in dir liegt alle Weisheit geborgen.
Du hast diese Welt geschaffen und schaffst sie täglich neu.
Vor unserer Zeit hast du diese Welt mit Freude entstehen lassen.
Du hast das Spiel geschaffen, das Ideen begreifbar werden lässt.
Lass uns einstimmen in den Jubelgesang über deine Schöpfung.
Lass uns einfallen, in das vergnügte Spiel.
Lass uns unsere Verwobenheit mit allen Geschöpfen erkennen, ohne
sie zu zerreißen.
Verbinde uns mit dem Gras, das einen dichten Teppich webt.
Verbinde uns mit den Bäumen, die ein grünes Dach über uns entfalten.
Verbinde uns mit dem Tosen der Meere.
Du schaffst die Welt jeden Tag neu, wir wollen sie im Spiel bewahren.

Psalmgesang: Ps 66,1–9 (Verse 1–2 als Kehrvers) russisch-orthodoxes
Modell (mehrstimmig), in: Hohes und Tiefes 601.5; alternativ: EG 279
Jauchzt, alle Lande, Gott zu Ehren

Fürbitten

Gott,
dir steht die Weisheit zur Seite, du bist die Weisheit.
Mit Freude hast du unsere Welt geschaffen,
leicht wie in einem Spiel ist sie entstanden!
Erhalte auch unsere Freude an dieser Welt,
unsere Leichtigkeit, diesen großen blauen Ball voller Leben zu
schützen,
zu bewahren, zu bespielen.
Lass uns begreifen, dass wir nur ein kleiner Teil
deiner unendlichen Schöpfung sind –
und dennoch einen so großen Unterschied machen können.
Stärke uns, wenn wir für das Leben einstehen.
Ermutige uns, der Zerstörung zu trotzen.
Zeig uns neue Wege, diese Welt zu erhalten.

Lieder: EG 199 Gott hat das erste Wort; Singt Jubilate 100 Du bist da;
Durch Hohes und Tiefes 311 Schenk uns Weisheit, schenk uns Mut; bei
einem Abendgottesdienst: EG 511 Weißt du, wieviel Sternlein stehen;
freiTöne 153 Du bist heilig

Vorschlag zur Predigt

Möglicher Anfang

Das erste Geräusch, an das sie sich erinnern kann, ist das leise Surren
des Fußpedals, während sie unter dem großen Nähtisch sitzt und mit
den leeren Spulen spielt. Sich Muster und kleine Spiele ausdenkt und
aus den kurzen, abgeschnittenen Fäden kleine, flauschige Bälle formt.
Während sie da so sitzt, im Halbschatten des Nähtisches, senkt sich
irgendwann, ganz langsam, eine große Stoffbahn am Ende des Tisches
hinab. Mal grün, mal blau, mal leuchtend rot, manchmal mit Goldfäden
durchzogen. Grobe Stoffe, fein gewebte, zarte Seide. Vorsichtig berührt
sie die Bahnen mit ihren Fingern und staunt, wenn am Abend prächtige Kleider im Schneiderzimmer hängen. Mit Kragen, sanft wie weiße
Wolken, mit üppigen Röcken, die wie schäumende Wellen hervorbre-
chen. Mit wilden Stolen, vom Wind zerzaust. Lange Hosen, in weiß
und braun, manche zart wie Zweige, andere dick wie Baumstämme.

Warme Mäntel, die wie Schnee glitzern. Kurz darauf wird der Kegel der Schreibtischlampe zum Mond am Himmel und die zerstochene Pappe, durch die ihre Taschenlampe scheint, zum Sternenhimmel. Nach und nach entsteht eine ganze Welt. Die übriggebliebene Stoffbahn wird zu einer langen Robe, der Fetzen eine Krawatte, der leere Korb ein Hut. Eine elegante Dame, die kurzerhand zu einer Seiltänzerin wird und bald darauf einen Löwen domptiert, während der Schneider leise seine Lieder zum Surren des Pedals singt.

So ungefähr stelle ich es mir vor, das Spiel der Weisheit bei der Erschaffung der Welt. Die Weisheit, ein eigenständiges Ich, das neben Gott existiert, ihm Spielgefährtin ist und Inspiration zugleich.

Die Leichtigkeit in ihrer Perspektive bietet uns einen ganz neuen Blick auf die Schöpfung der Welt. Es ist ein spielerisches Ausprobieren von Möglichkeiten, eine unbändige Freude am Wachsen. Schon vor der Zeit, so heißt es im Predigttext, hat Gott die Weisheit gewoben. Weben, ein Wort, das gleich eine ganze Geschichte erzählt. Es ist ein Wort, das in Bewegung ist, das selbst Bewegung ist. Weben, das bedeutet ein Verkreuzen von Längs- und Querfäden. Weben bedeutet auch, sich hin- und herzubewegen, weben bedeutet auch ›ersinnen‹. Die Welt wurde gewoben, erdacht. Sie wurde mit Bedacht geschaffen. Wer webt, braucht Zeit. Das eine greift in das andere. Ein Faden braucht den anderen, um sich zu einem Tuch zu verbinden, zu halten. Eine komplexe Vorstellung der Schöpfung, aber vielleicht gerade dadurch eine realistische. Wir sind nicht allein in diese Welt gesetzt. Wir können das große Ganze, wir können den Ursprung nur in Beziehungen und Relationen verstehen.

Zum weiteren Verlauf

Möglich ist, den Gedanken über die Freude an der Schöpfung weiter zu entwickeln. Diese ist grundlegend für die Bewahrung der Schöpfung. Dabei können Naturmetaphern zur Verdeutlichung herangezogen werden, aber genauso der Beziehungsaspekt zwischen den Menschen betonen, der mit JHWH und der Weisheit ebenso verwoben ist. Dabei kann der Gedanke der gegenseitigen Freude noch hervorgehoben werden.

Das sprachliche Bild eines gewebten Stoffes kann verdeutlichen, wie sehr »weises« Verhalten von Begebenheiten abhängig ist. Reißt der Faden an einer Stelle, dauert es nicht lange, und es zieht sich eine Laufmasche oder ein Loch durch den Stoff – der im Übrigen auch wieder gestopft werden kann.

Mit Blick auf den Klimawandel ist es auch denkbar, sich darauf zu konzentrieren, die Zukunft der Welt wieder lebenswert zu gestalten und dafür positive Bilder zu schaffen. Mit Stoffen kann viel ausprobiert werden, Fäden können wieder aufgetrennt und neu genäht werden. Man kann das Genähte wiederverwenden etc. Das Bild eignet sich auf vielfältige Weise dazu, auch uns Menschen in ein Beziehungsverhältnis zu setzen: Wir sind alle aus einem unterschiedlichen Stoff gemacht, aber der Weber oder der Schneider ist derselbe. Und nur über ihn können wir uns selbst verstehen. Auf diese unterschiedliche Weise sind wir auch alle unterschiedlich in diese Welt gesetzt und können sie mitgestalten, mitbauen, mitentstehen lassen. Wir sind verantwortlich für uns selbst, füreinander und für die Welt, in der wir leben.

Möglicher Schluss
Manchmal ist es nötig, ein paar Schritte zurückzutreten und neue Perspektiven einzunehmen. Der biblische Text ermöglicht uns durch die Perspektive der Weisheit einen neuen Blick auf die Schöpfung. An ihrer Freude teilzuhaben, die uns leiten kann, selbst mit spielerischer Freude für unsere Welt zu kämpfen. Nicht verbissen. Nicht frustriert. Sondern voller Aufbruchstimmung. Und dafür möchte ich euch einen Briefausschnitt von einem vorlesen, der eine sehr umfassende Sicht auf unsere Erde hat und diese in bewegenden Worten in einem Brief an seine zukünftigen Enkelkinder beschrieben hat:

Liebe Enkelkinder,
Obwohl ich bisher schon fast ein Jahr im All verbracht habe und an jedem einzelnen Tag auf die Erde da runter geschaut habe, kann ich mich einfach nicht daran satt sehen.
(...) Im Moment sieht es so aus, also ob wir euch den Planeten nicht gerade im besten Zustand hinterlassen werden. [Doch] vielleicht lernen wir ja auch noch was dazu.
[Vielleicht lernen wir durch] den Blick von außen (...), dass dieses zerbrechliche Raumschiff Erde sehr viel kleiner ist, als die meisten Menschen sich das vorstellen können. Wie zerbrechlich seine Geosphäre ist und wie limitiert seine Ressourcen. Dass es sich lohnt, mit seinen Nachbarn gut auszukommen. Dass Träume wertvoller sind als Geld und dass

man ihnen eine Chance geben muss. (...) Dass die einfachen Erklärungen oft die falschen sind, und dass die eigene Sichtweise immer unvollständig ist. Dass die Zukunft wichtiger ist als die Vergangenheit und, dass man niemals ganz erwachsen werden soll. Dass Gelegenheiten immer nur einmal kommen und dass man für Dinge die es wert sind, auch mal ein Risiko eingehen muss. Dass ein Tag, an dem man was Neues entdeckt hat, über seinen Horizont hinausgeschaut hat, ein guter Tag ist. Ich wünschte mir, ich könnte durch eure Augen in die Zukunft schauen, in eure Welt und wie ihr sie seht. Das geht leider nicht, und deshalb ist das einzige, was mir bleibt, zu versuchen, eure Zukunft möglich zu machen, und zwar die beste, die ich mir vorstellen kann.«

Absender:
Internationale Raumstation
Kommandant der Expedition 57
Alexander Gerst
25. Nov. 2018
400 km über der Erdoberfläche

Und die Weisheit Gottes, die all unser Denken übersteigt, bewahre unsere Herzen und Sinne.
Amen.

Gestaltungsidee

Es bietet sich an, einen Gottesdienst unter freiem Himmel zu feiern, ggf. am Abend »unter Sternen«.
Die Bänke oder Stühle können mit unterschiedlichen Stoffen dekoriert werden. Liedblätter mit Stoffstücken verziert.
Für Kinder könnte eine Kiste mit Stoffbahnen zum Verkleiden bereitgestellt werden (»aus welchem Stoff bin ichgewebt?«).

Literatur:
Schipper, Bernd, Sprüche (Proverbia), Teilband 1, Göttingen 2018
Brown, W. P., Wisdom's Wonder. Proverbs, Paideia, and Play: Covenant Quarterly 68 (2010), 13 – 24
Kästner, Erich, Erich Kästners Lyrische Hausapotheke, München 2001, 69
Gerst, Alexander, Nachricht an meine Enkelkinder (zu finden auf YouTube)
SAID, Psalmen, München 2016

Kantate
Apg 16,23–34

Almut Bellmann

Erste Begegnung mit dem Text

Ich lese von den Gefängnismauern und von der Kraft des gemeinsamen Singens und werde dabei persönlich zurückversetzt in den Juli 2017: Ich war Gemeindepfarrerin in Berlin-Prenzlauer Berg und wir hörten davon, dass unser Gemeindemitglied Peter Steudtner in der Türkei verhaftet worden war. Zuerst noch in U-Haft, dann in einem normalen Gefängnis.

Der Fall beschäftigte damals das Auswärtige Amt und war europaweit in den Medien. Viele in unserem Stadtteil, in Berlin, im ganzen Land waren betroffen, dass »einer von uns«, so hieß es damals, hinter türkischen Gefängnisgittern saß. So wurde sein und auch das Schicksal anderer Inhaftierter zum Gegenstand von gemeinsamen Gebeten in der Gemeinde, erst wöchentlich, dann sogar täglich, jeweils um 18 Uhr. Es wurde damit eine Tradition aufgegriffen, die es schon viel früher, Ende der 80er Jahre in der Gethsemanekirche gegeben hatte: zu informieren, zu beten und zu singen und dabei an zu Unrecht Inhaftierte zu denken.

Nach einiger Zeit erfuhr Peter vom täglichen Gebet für ihn und die anderen Menschenrechtsverteidiger:innen. Und wir erfuhren, dass er zur selben Zeit täglich Lieder sang. Die Verbundenheit durch das Singen über alle Entfernung, Grenzen und Mauern hinweg körperlich zu spüren, war unglaublich kraftvoll. Das erlebten die Inhaftierten und auf andere Weise auch die, die aus der Ferne solidarisch waren.

Die Erleichterung und die Freude waren riesig, als Peter Steudtner nach wenigen Monaten aus der Haft entlassen wurde und nach Berlin zurückkehrte.

Dass Gemeinschaft und Gesang Mauern zum Einstürzen bringen können, zieht sich als Erfahrung und als Hoffnung durch die Menschheitsgeschichte und wird für mich durch diesen Text über Paulus und Silas im Gefängnis ins Bild gesetzt.

Exegetische Skizze

Die Gefängnisszene erzählt von der befreienden Kraft des Glaubens und des Singens. Diese Kraft, so erzählt der Text, ist so stark, dass sie Erdbeben auslöst, verriegelte Gefängnistüren aufspringen lässt und Fesseln sprengt. Zum anderen ist die Glaubenskraft so verbindend, dass sie die sozialen Hindernisse zwischen Gefängniswärter und eben noch Gefangenen überwindet: Der, der die Schlüssel für die Gefängnistüren verwaltet, kniet nieder vor den Menschen hinter diesen Türen, versorgt ihre Wunden, vertraut sich ihrem Glauben an und wird zu ihrem Gastgeber.

In wenigen Sätzen entwirft der Text eine Szene wie in einem Film und beschreibt eine erstaunliche Befreiung – und die Wirkungen eines Glaubens, dem viel zugetraut wird.

Indem sie Gott loben, erinnern sich Paulus und die anderen daran, dass sie nicht nur Inhaftierte, nicht nur Opfer sind. Das Singen erinnert sie an ihre Menschlichkeit – und diese macht sie zu Menschengeschwistern, voneinander und auch von dem Wärter.

Dass Gottes Gegenwart Gefangenen hilft und sie befreien kann, ist ein wiederkehrendes Motiv im Ersten Testament – von Josef (Gen 39,20–23/41,14) über Mose und sein Volk in Ägypten (Ex 3,7–8 u. ö.!), die verschleppten Bewohnerinnen von Ziklag, für die David sich einsetzt (1 Sam 30), bis in die Ankündigungen im Jesajabuch, Gott werde alle Gefangenen aus dem Kerker holen und die, die im Dunkeln sitzen, aus der Haft befreien (Jes 42,7; 43,14). Auch in den Psalmen ist die Bitte um und der Dank für Befreiung aus Gefangenschaft ein wichtiges wiederkehrendes Thema (zum Beispiel Ps 68,7.19; 126,1.4; 146,7).

Auch in den erzählenden Büchern des Zweiten Testaments, in den Briefen sowie in der Offenbarung spielen Gefangene eine Rolle. Gefangenschaft wird erlebt, es wird vor ihr gewarnt oder es erfolgt der Aufruf, sich um Gefangene zu kümmern, für sie zu sorgen. All das macht deutlich, dass die Schriften in einem Umfeld entstanden sind, in dem Menschen befürchten mussten inhaftiert zu werden, wenn sie sich nicht anpassten an die Forderungen von ungerecht Herrschenden.

Programmatisch zitiert Jesu erste Predigt in Lukas 4,18 die Ankündigungen aus Jesaja 61,1–2 und kündigt Befreiung an für Gefangene und Unterdrückte. Dass dann ausgerechnet er später gefangen genommen wird und den Foltertod stirbt – um ihn durch die Auferstehung zu überwinden – zeigt die immense Befreiungskraft, die im Glauben und in der Gottesbeziehung steckt.

Die Apostelgeschichte wurde aufgeschrieben, »um aufzuzeigen, dass sich die verheißene gute Botschaft in Jesus erfüllt hat und in den Gemeinden durch die verändernde und befreiende Macht des Heiligen Geistes verwirklicht.« (Kompendium Feministische Theologie, 544) Hier in Apg 16 sind die Erfüllung der guten Botschaft und diese Macht besonders anschaulich und wirkungsvoll beschrieben.

Spannend finde ich zu überlegen, wo und wie sich solche Macht auch in unserer Zeit zeigt. Es liegt nahe, das Schicksal von Menschen in den Fokus zu nehmen, die sich weltweit nach Befreiung gesehnt haben oder sehnen danach, von Fesseln und Folter erlöst zu werden. Auch ein Blick in Gefängnisse bzw. auf Gefangene heute in Deutschland wäre spannend für die Erarbeitung der Predigt.

In der Arbeit der Gefängnisseelsorge können Musik und Gesang eine wesentliche Rolle spielen. »Musizieren im Strafvollzug kann positive Auswirkungen auf die Gefangenen haben, das bestätigt Daniel Mark Eberhard, Professor für Musikpädagogik und Musikdidaktik an der Katholischen Universität Eichstätt-Ingolstadt: ›Musik kann auch emotionsregulierend wirken und demokratische Grundprinzipien trainieren, vor allem wenn gemeinsam musiziert wird.‹ [...] Im regulierten System des Strafvollzugs biete Musik eine Möglichkeit, Selbstwirksamkeit und Selbstbestimmtheit zu erleben. [...] ›Leider ist das Musizieren im Strafvollzug deutschlandweit eher eine Ausnahme, ein viel zu wenig genutztes Potenzial. ‹ [...] Es stelle ... einen wichtigen Faktor für die Resozialisierung dar: ›Diejenigen, die in Haft sind, haben oft schon so viel Benachteiligung erfahren. Da müsste die Haft eigentlich eine wichtige soziale Ausgleichsfunktion einnehmen.« [Webseite der Gefängnisseelsorge Nürnberg: Singen im Nürnberger Knast: »Es gibt einem Hoffnung« | Gefängnisseelsorge]

Kristina Lunz stellt in ihrem sehr lesenswerten Buch »Empathie und Widerstand« ihren moralischen Kompass vor, der ihr hilft, aktiv in der Welt zu sein und sich politisch zu engagieren. Zum einen braucht es Empathie, also die Fähigkeit, den Emotionen anderer Menschen nachspüren, ihre Perspektive intellektuell nachvollziehen und angemessen auf ihre Bedürfnisse reagieren zu können (26). Zum anderen braucht es ein Bewusstsein für die eigenen Werte – in ihrem Fall die Menschenrechte, die universell für alle Menschen gelten, sowie die Gewaltlosigkeit – und den Mut, im Sinne dieser Werte zu reden und zu handeln. (32)

Die Universalität der Menschenrechte hochzuhalten und zu empfinden, bedeutet, wenn eine Person Ungerechtigkeiten und Unterdrückung erlebt, diese Person als »eine von uns« zu sehen und solches unter Menschengeschwistern nicht als normal und unwandelbar zu akzeptieren. – »Weltweite Solidarität« zu erleben, beschreibt sie als »unbeschreiblich bestärkend« (94).

Kristina Lunz, Empathie und Widerstand, Berlin 2024

Weg zur Predigt

Die Szene, die der Predigttext beschreibt, ist voller Dramatik und hat unübersehbar eine politische Dimension. Die predigende Person muss für sich und die Gemeinde entscheiden, wie tief und in welchem konkreten Kontext sie diese Dimension betreten kann und will.

Für mich wären die Bedeutung bestimmter Lieder in Befreiungsbewegungen und die Kraft des Singens angesichts von Krisen in der Welt interessante Spuren, die auf dem Weg zur Predigt verfolgt werden können. Sicher ist es üblich, an Kantate viel gemeinsam zu singen im Gottesdienst. Warum nicht einmal den Hintergrund eines Lobliedes näher beleuchten oder das eine oder andere Befreiungslied in den Ablauf aufnehmen: Der Gospel »We shall overcome« ist für mich so ein Lied, das durch die Zeiten und Kontexte hindurch erklungen ist – etwa in den Bürgerrechtsbewegungen in den USA und in der DDR – und dann war es auch eins der Lieder, die Peter Steudtner im türkischen Gefängnis gesungen hat.

Und auch viele Kirchenlieder tragen dieses kraftvolle, gemeinschaftsstiftende Element in sich, ohne dass uns das beim Singen immer bewusst ist. Kantate wäre eine gute Gelegenheit, dieses Bewusstsein zu wecken.

Predigtthema

Von der Kraft des Singens und der Gemeinschaft

Vorschläge zur Liturgie

Lieder: Neben den beiden Wochenliedern EG 302 Du meine Seele singe und EG. E 19 Ich sing dir mein Lied empfehle ich das zum Predigttext sehr gut passende Lied Durch Hohes und Tiefes 168 Ich singe für die Mutigen, Noten unter: liederbuch-lobpreis.at/hoerproben/ich singe fuer die mutigen; NL+ 167 Keinen Tag soll es geben

Falls ein Chor im Gottesdienst singt, würde ich empfehlen, dennoch auf ausreichend Gemeindelieder zu achten, damit diese die Chance haben, die körperliche, kraftvolle Wirkung des gemeinsamen Singens selbst zu erleben.

Die Predigt mit Singen zu unterbrechen und Lieder mitpredigen zu lassen, bietet sich an diesem Sonntag besonders an.

Vorschlag zur Predigt

Möglicher Anfang

»We shall overcome« – erste Strophen zu Beginn der Predigt gemeinsam singen.

Liebe Gemeinde,

wenn ich dieses Lied singe, habe ich innerlich vor Augen, wann Menschen es früher gesungen haben: die Tabakarbeiter bei ihren Streiks in den 1940er Jahren in den USA, die Protestierenden bei der Bürgerrechtsbewegung dort in den 1960er Jahren – da zitierte Martin Luther King das Lied in der letzten Predigt vor seiner Ermordung. Auch von DDR-Bürger:innen wurde es gesungen, als Teil ihres Hoffens und Bangens in Kirchen und Gemeindehäusern und auf den Straßen in den späten 1980er Jahren, ...
(Evtl. auch bezugnehmen auf das Beispiel aus Berlin 2017, s. o.)

Es ist ein Lied voller Hoffnung. Es singt von einem starken »Wir« – und mir geht es so, dass ich dieses Wir beim Singen über die Grenzen der Zeit hinweg tatsächlich empfinde. Es ist nur eine Ahnung eben – dass dieses Miteinander, diese Geschwisterlichkeit möglich sein können und sich realisieren, irgendwann. Dass Menschen einfach Menschen sind und sich füreinander, für Freiheit und Bürgerrechte einsetzen können.

Für mich entspringt dieses Miteinander unserem Geschaffensein – wir alle, alle Menschen sind Gottes Kinder und daher gleich würdig. Das ist der Anspruch, die Sehnsucht, die Aufgabe, darin liegt eine große Kraft und daher speist sich mein Vertrauen.

Wenn ich so kraftvolle Lieder mitsinge, tankt mein Vertrauen auf: Ich spüre das Vertrauen, das in den Worten liegt, und kann mich daran anlehnen.

Vermutlich konnten sich auch Paulus und Silas im Gefängnis an das Vertrauen des jeweils anderen anlehnen, wenn das eigene Vertrauen gerade kaum ausreichte. Indem sie gemeinsam Gottes Macht und Befreiungskraft loben, kann der Glaube an diese Kraft wieder und weiter wachsen.

Zum weiteren Verlauf

Ein, zwei konkrete Beispiele aus verschiedenen Zeiten oder Kontexten, in denen Menschen die Kraft des Singens und der Gemeinschaft erleben oder erlebt haben, hinter Gittern oder in Ängsten oder in Unterdrückung.

Friedrich Schorlemmer, der deutsche Theologe, der im vergangenen Jahr verstorben ist, hat als Bürgerrechtler in der DDR die Wirkung von Gemeinschaft und gemeinsamem Singen erlebt und in einem Buchbeitrag zum Thema Glaubensheimat über die tiefe Kraft traditioneller Kirchenlieder nachgedacht und geschrieben.

[»Wo mein Glaube zu Hause ist. Eine Heimatkunde für Himmelssucher«, hg. von Klaus Möllering, Leipzig 2006.]

Schorlemmer erzählt davon, dass etwa das Lied »Lobet den Herren, alle die ihn ehren« Mitte des 17. Jahrhunderts, direkt nach dem 30-jährigen Krieg entstanden ist und dessen Spuren in sich trägt: Die Angst vor Vernichtung durch Brandanschläge, vor Plünderungen und Überfällen und die Erfahrung, dass es nicht alle geschafft haben, die Erfahrung von Verlust und Verletzlichkeit – all das ist im Text von Paul Gerhardt enthalten. Das Lied ist davon durchdrungen.

Oft sind uns die Worte fremd und fern oder wir singen über ihre tiefere Bedeutung hinweg. Doch sie könnten anschlussfähig sein für alle, die heute ähnliche Traumata überstehen müssen.

Lob und Dank sind nicht selbstverständlich. Die überwundene Angst hat ihnen mühsam Platz gemacht – oder das Lob hat andersherum die Angst überwunden und hinweggefegt.

Nicht selten – und so wird es auch in der Szene von Paulus und Silas im Gefängnis beschrieben – loben Menschen schon, wenn die Ängste noch da sind. Für einen Moment machen sie dann dieser anderen Wirklichkeit Gottes Platz, mitten in der Zeit, in der die Ängste noch volle Berechtigung haben.

In den Liedern, den Melodien und Texten steckt dann beides: der Dank für erlebte Überwindung und der Glaube daran, dass Überwindung wieder, weiter möglich ist.

(weitere Strophen »We shall overcome« gemeinsam singen)

Möglicher Schluss

Es gibt viel Erstaunliches an der Befreiungsgeschichte von Paulus und Silas im Gefängnis: dass die Inhaftierten Gott mitten in der Nacht loben, gehört dazu. Dass sie ausgerechnet in dieser Nacht ein Erdbeben erleben und dadurch Türen und Ketten aufspringen. Auch dass Paulus den Gefängniswärter am Suizid hindert und ihm zuruft »Wir sind alle noch hier« – anstatt dass sie alle sich so schnell wie möglich davonmachen.

Der Gefängniswärter scheint über all das ebenso zu staunen – und dieses Staunen bringt ihn dazu, Paulus und Silas nach dem Weg zur Rettung zu fragen. Er möchte einer von ihnen werden – und er wird es, umgehend. Indem er ihnen dient, ihnen seine Türen öffnet, ihnen die Wunden der Folter auswäscht, sich taufen lässt und den Tisch für alle deckt.

Zwischen den Gefangenen und dem Gefängniswärter ist Geschwisterlichkeit entstanden – Gegner sind einander einfach zu Menschen geworden.

So sind die Fundamente des Gefängnisses erschüttert worden. Und schließlich, am Ende der Geschichte, ist die Freude groß: so viel Grund zum Loben. Doch Paulus und Silas fanden schon vor all diesen erstaunlichen Wundern genug Grund zum Loben – diesen Gedanken will ich mir für die kommende Woche mitnehmen und daraus Kraft schöpfen.

Dass Mauern einstürzen und Fesseln fallen, weil Menschen singen – wie soll man das erklären, wer soll so etwas für möglich halten?!

Dass Mauern einstürzen und Fesseln fallen und die Welt in Bewegung gerät, wenn Menschen zusammenhalten und singen – lasst uns darauf vertrauen und davon singen!

(Ausklang der Predigt mit weiteren Strophen von »We shall overcome« oder einem Loblied – anschließend Kanzelsegen, zum Beispiel mit den Worten »Und der Friede Gottes, der höher ist als alle Vernunft, der halte unsern Verstand wach und unsre Hoffnung groß und stärke unsre Liebe« aus dem Lied »Keinen Tag soll es geben« von Uwe Seidel.)

Rogate
Joh 16,23b-28(29–32)33

Thomas Borchers

Erste Begegnung mit dem Text

Wie schön, ist mein erster Gedanke, als ich den Predigttext wahrnehme. Es geht um das Bitten und Beten. Ein Thema, das mir persönlich sehr wichtig ist und mich in letzter Zeit intensiv beschäftigt. Spontan kommen mir verschiedene Ideen in den Sinn. Wie ist das mit der Gebetserhörung? Was bedeutet das, im Namen Jesu zu beten? Was kann Beten bewirken? ... Ich sinne über meine eigene Gebetspraxis und meine Gebetserfahrungen nach. Und stelle fest, dass die Formulierung »im Namen Jesu« als Formel in meinem Beten eher nicht vorkommt. Abgesehen von der doxologischen Schlussformel am Ende einer Kollekte. Es beschäftigt mich eine ganze Weile, dieses »im Namen von«.

Der Kontext der Perikope in den Abschiedsreden des Johannesevangeliums ruft in mir eine Gefühlslage auf, die ich aktuell in unseren Kirchen und auch in der Gesellschaft wahrnehme. Unsicherheit, Furcht und Traurigkeit angesichts der Entwicklungen in vielen Bereichen des Lebens und in unserer Welt. Kann Beten ein Weg sein, aus diesen lähmenden Gefühlslagen herauszukommen, frage ich mich? Zumindest verheißt Jesus als Frucht des Betens vollkommene Freude, Frieden und Trost.

Bei der intensiveren Beschäftigung mit dem Text findet das Beziehungsthema, das die Perikope durchzieht, in mir Resonanz. Dass Gott der Vater mir unmittelbaren Zugang zu sich schenkt, weil ich in Glaube und Liebe mit Jesus verbunden bin, dass ich im Namen Jesu in das göttliche Beziehungsgeschehen mit hineingenommen werde, das stärkt und ermutigt mich. Mein Beten gewinnt für mich durch diese Dimension der Beziehung an Bedeutung.

Exegetische Skizze

Der Predigttext gehört zum Komplex der Abschiedsreden (Johannes 13–17). Diese Reden Jesu finden in der Komposition des Johannesevangeliums am Vorabend seiner Kreuzigung statt und richten sich an seine Jünger. Jesus bereitet sie auf die Zeit nach seinem Tod, seiner Auferstehung und seiner Rückkehr zum Vater vor.

Direkt vor der Perikope thematisiert Jesus die Traurigkeit des Abschieds. So zielt der erste Teil 23b-24 auf die vollkommene Freude, wenn die Jünger die Erfahrung machen, dass sie empfangen, was sie im Namen Jesu erbitten.

Das Bitten »im Namen Jesu« ist ein zentrales Thema der Perikope. Es bedeutet, im Bewusstsein der Gegenwart und Autorität Jesu zu bitten, im Einklang mit seinem Wesen und Willen. Es wird deutlich, dass durch Jesus eine neue Beziehung zum Vater möglich ist.

Das Beziehungsgeschehen durchzieht auch die Verse 25–28. »Es kommt die Stunde« und »an jenem Tage« meint die nachösterliche Zeit, wenn Jesus zum Vater zurückgekehrt ist und der Heilige Geist den Jüngern eine tiefere Einsicht in die göttliche Wahrheit vermittelt hat – in das gesamte Heilshandeln Jesu: Seine Präexistenz, Inkarnation, Mission und Rückkehr zum Vater (V. 28). Die unmittelbare Liebe Gottes zu den Jüngern und deren Liebe zu Jesus und ihr Glaube sind die Basis für diese Beziehung. Sie findet ihren Ausdruck darin, dass die Jünger ihre Bitten direkt an den Vater richten dürfen und von ihm empfangen, was sie erbitten.

Der Friede, den Jesus den Jüngern in dieser Beziehung verheißt, ist weniger äußerlicher Friede als eine tiefe innere Ruhe und Sicherheit in der Gemeinschaft mit ihm. Auch und gerade, wenn er leibhaftig nicht mehr gegenwärtig ist. Denn er hat über die Mächte der Welt, über das Böse, die Sünde und den Tod bereits gesiegt.

Weg zur Predigt

Ich entscheide mich dafür, die fakultativen Verse 29–32 nicht in der Predigt aufzunehmen, weil sie Gedanken thematisieren, die in eine andere Richtung gehen.

Mein Ausgangspunkt für die Predigt ist das Thema des Sonntags Rogate.

Die Erkenntnis der Kirchenmitgliedsuntersuchung 6 im Blick auf das Beten ist ernüchternd. Ich muss wohl davon ausgehen, dass auch die Gottesdienstgemeinde dieses Sonntags sehr unterschiedliche Haltungen zum Beten hat. Statistisch gesehen ist dem größeren Teil der Gemeinde das Thema Beten eher fremd. Die Predigt könnte dazu einladen, den Schatz des Betens neu zu entdecken.

Darum werde ich das Beten zunächst ganz allgemein bedenken. Um dann in einem zweiten Schritt die Aspekte hervorzuheben, die der Predigttext dazu beiträgt. Das ist das Beziehungsgeschehen zwischen dem Vater und Jesus, in das ich durch Glauben und Liebe hineingenommen werde. Und das ist die Verheißung von Freude, Trost und Frieden durch das Bitten im Namen Jesu. Schließlich ist mir wichtig zu konkretisieren, was es bedeutet, im Namen Jesu zu bitten.

Predigtthema

Rogate – betet. Bitten im Namen Jesu.
Die Predigt möchte zum Beten ermutigen und bestärken. Beten kann ein hilfreicher Weg sein, Angst und Unruhe entgegenzutreten. Auf ihm liegt die Verheißung vollkommener Freude, von Frieden und Trost.

Vorschläge zur Liturgie

Eingangsgebet in Leichter Sprache

Gott,
wir dürfen beten,
du hörst uns.
Wir reden,
wir stottern,
wir stöhnen,
wir singen,
wir schweigen.
Alles kommt bei dir an.
Danke.
Amen.

aus: Kirchenagende. Kirchenbuch für die Evangelische Kirche der Pfalz (Protestantische Landeskirche) I, 2021, 569

Lesung: 1 Tim 2,1–6 (Epistel)

Lieder: EG 361 Befiehl du deine Wege; EG 346 Such, wer da will, ein ander Ziel; Wo wir dich loben, wachsen neue Lieder 77 Singet fröhlich unserm Gott

Vorschlag zur Predigt

Möglicher Anfang

Beten ist unpopulär geworden. Die letzte Kirchenmitgliedsuntersuchung hat gezeigt, dass fast die Hälfte der Bevölkerung überhaupt nicht mehr betet. Und von den Evangelischen beten nur noch ca. 15 % täglich. Wenn das Beten einmal ein Schatz christlicher Existenz war, so ist er uns heute wohl abhandengekommen. Verschollen quasi.

Wie halten Sie es mit dem Beten? Beten Sie täglich? Oder maximal einmal in der Woche? Oder zumindest mehrmals im Jahr?

Heute im Gottesdienst beten wir, wie in jedem Gottesdienst. Aber das ist ja irgendwie etwas anders als das persönliche Beten im Alltag.

Tatsächlich ist das keine leichte Sache mit dem Beten, finde ich.

[Hier kann die eigene Gebetspraxis und/oder die Herausforderungen des Betens geschildert werden.]

Ich selbst bemühe mich, morgens meine feste Gebetszeit einzuhalten. Das Regelmäßige hilft mir. Aber schon am Wochenende oder im Urlaub, wenn die alltägliche Routine nicht greift, geht das Beten schnell unter. Vor dem Essen sprechen wir daheim in der Regel ein Tischgebet. Und abends kommt es ganz drauf an, ob ich noch ans Beten denke ... Über Tag ist mein Beten eher zufällig.

Warum ist Beten für mich ein Thema? Ich bin so groß geworden, dass Beten selbstverständlicher Ausdruck unseres Christseins in der Familie war. Und ich weiß ja um die vielen Aufforderungen in den biblischen Texten, dass wir beten sollen. »Betet ohne Unterlass ...« ist nur ein Satz unter vielen im Neuen Testament. Ich mache aber auch die Erfahrung, dass es mir guttut, wenn ich regelmäßig bete. Und irgendwie gehört Beten ja auch dazu zum Glauben.

Heute ist das Beten Thema. »Rogate« heißt dieser Sonntag. Und das bedeutet: Betet.

In der Schriftlesung haben wir es schon gehört:»So ermahne ich euch nun, dass man vor allen Dingen tue Bitte, Gebet, Fürbitte und Danksagung ...«.
Auch der Predigttext aus dem Johannesevangelium nimmt diesen Ball auf:»Bittet, so werdet ihr empfangen, auf dass eure Freude vollkommen sei«, sagt Jesus zu seinen Jüngern.
Denken wir doch heute dem Beten etwas nach, wenn es schon mal Thema ist. Und vielleicht kommen wir diesem Schatz neu auf die Spur.

Zum weiteren Verlauf

Zunächst würde ich das Thema »Beten« allgemein angehen. Was ist beten? Warum beten wir als Christen? ...

»Wie ein Schuster einen Schuh machet und ein Schneider einen Rock, also soll ein Christ beten. Eines Christen Handwerk ist beten«, sagt Martin Luther in einer seiner Tischreden. Beten ist das Reden des Herzens mit Gott in Bitte und Fürbitte, Dank und Anbetung.

Es ist selbstverständlicher Ausdruck des Glaubens. Wie zwischen Menschen ist das Beten als Miteinander-Reden Grundlage unserer Beziehung zu Gott. Gott hat uns Menschen als sein Gegenüber geschaffen. Er spricht uns an durch sein Wort. Im Gebet können wir ihm antworten.

Ich denke weiter darüber nach, was unsere Beziehung zu Gott ausmacht.

Könnte es sein, dass die Gebetspraxis eines Menschen ein Indikator ist für den Zustand seiner Beziehung zu Gott? Dann wäre die Aufforderung zum Gebet eine Ermutigung, in die Beziehung zu Gott zu investieren und sie lebendiger zu gestalten.

Ich gehe der Frage nach, welchen besonderen Aspekt der Predigttext zum Thema Beten beiträgt.

Ich skizziere den Kontext des johanneischen Textes aus den Abschiedsreden. Es geht um Abschied. Bald ist Jesus nicht mehr unter seinen Jüngern. Gefühlsmäßig stehen Traurigkeit und Angst im Raum. Dagegen empfiehlt Jesus das Bitten mit dem Ziel vollkommener Freude, von Frieden und Trost.

Der Predigttext nimmt besonders den Aspekt des Bittens im Namen Jesu in den Blick. Er möchte die Gewissheit stärken, dass unser Bitten von Gott, dem Vater, gehört und erhört wird. Im Namen Jesu haben wir direkten Zugang zu Gott, dem Vater. Wenn wir in Jesu Namen zum Vater beten, sieht und hört uns Gott so, als würde Jesus selbst zu ihm beten. So ist im Johannesevangelium das Bitten im Namen Jesu Ausdruck der unmittelbaren und vertrauensvollen Beziehung zu Gott, dem Vater.

Beim Beten im Namen Jesu aktiviere ich diese Beziehung. Ich stelle mich mit allem, was mich bewegt, in den Horizont des Vertrauens zu Gott. Ich gebe meinem Leben für diesen Augenblick sozusagen einen anderen Rahmen als den der scheinbaren augenblicklichen Wirklichkeit. So verstanden kann Beten zu einer anderen Haltung führen. Und wenn es gut läuft, gewinne ich dadurch mehr inneren Frieden, Trost und Freude. Auch angesichts belastender Situationen und Lebensumstände.

Ich frage, worin die Relevanz dieser Gedanken für uns heute besteht. Viele Menschen beten überhaupt nicht mehr. Wie geht es den Anwesenden im Gottesdienst mit dem Beten? Kirchenjahreszeitlich befinden wir uns zwischen Ostern und Pfingsten. Rogate ist der Sonntag vor Himmelfahrt und erinnert an die Situation der Jünger im Predigttext: Bald wird Jesus sie verlassen und ist dann nicht mehr leibhaftig gegenwärtig. In diesem Zustand befindet sich die christliche Gemeinde seit damals. Seine Gegenwart kann nunmehr auf einer anderen Ebene erfahren werden.

Fühlen wir uns möglicherweise in diesen unsicheren Zeiten hilflos und alleine? Kennen wir die Gefühle von Traurigkeit und Angst? Vielleicht könnte die Aufforderung zum Bitten im Namen Jesu ein Weg sein, der uns in Richtung Freude, Friede und Trost führt. Ich verstehe den Predigttext als Einladung, über das Thema Beten/Bitten meine Beziehung zu Gott in die bewusste Wahrnehmung zu nehmen. So denke ich darüber nach, was das konkret bedeutet, im Namen Jesu etwas zu erbitten, so dass es mehr ist, als eine Formel am Anfang oder Ende eines Gebetes. Ich komme zurück auf die Gedanken zur Beziehung zu Gott, die geprägt ist von Vertrauen und Liebe. Ich suche konkrete Beispiele, die zeigen, wie ich durch Beten eine andere Haltung gewinnen kann. Wie sich beispielsweise durch mein Morgengebet meine Gefühlslage zum anstehenden Tag verändern kann, wenn ich mich bewusst in den Horizont der Gegenwart Gottes stelle und mit den Worten des Vaterunsers alles in seine Hände lege.

Möglicher Schluss

Rogate. Betet! Der heute Sonntag lädt uns ein, den Schatz des Betens neu zu entdecken und zu heben. Er scheint vielen Christen verborgen zu sein, wenn ich die Kirchenmitgliedsuntersuchung richtig verstehe. Ich möchte ihm gerne in seiner ganzen Fülle näherkommen, diesem Schatz. Und hoffe, dass Sie auch Lust bekommen haben, auf die Suche zu gehen. Zumal uns Jesus die Verheißung vollkommener Freude gibt, wenn wir ihn seinem Namen bitten.

Möge es uns auf unserer Entdeckungsreise wie dem Psalmbeter ergehen, der offensichtlich fündig geworden ist:

Gelobt sei Gott, der mein Gebet nicht verwirft, noch seine Güte von mir wendet. (Psalm 66,20 – Wochenspruch)

Gestaltungsidee

Am Sonntag Rogate könnte es schön sein, die Gemeinde am Fürbittgebet zu beteiligen. Entweder in geeigneter Weise Bitten und Anliegen sammeln und im Gebet aufnehmen. Oder, wenn technisch möglich, eine Wortwolke erstellen und präsentieren, die im Fürbittgebet aufgenommen wird (z. B. mit: www.wortwolken.com).

Kontexte und Tipps zum Text

Martin Luther, Wie man beten soll. Für Meister Peter den Barbier, hg. v. Ulrich Köpf und Peter Zimmerling, Göttingen 2011

Christi Himmelfahrt
1 Kön 8,22–24.26–28

Stefan Claaß

Erste Begegnung mit dem Text

Spannungsverhältnisse, wohin ich schaue.

Wer betet da?

Salomo, ein unermesslich reicher König (5,1) voller Weisheit (5,9), kreativ ohne Ende (5,12). Leider auch verführbar durch seine tausend Frauen (11,3 f.) Dazwischen genießt er die Erfüllung der Verheißung an seinen Vater David, muss aber erfahren, dass unter seinem Sohn sein Reich zerfallen wird (11,12).

Was wird gebetet?

Danke für das Halten des Versprechens an David! Antwort: Wenn du wandelst wie David, bleibt alles gut (9,4). Wendet ihr euch aber ab, so wird Israel ausgerottet (9,7).

Wo wird gebetet?

Im neuen Tempel, wo die Bundeslade ihren Ort im Allerheiligsten gefunden hat (8,6). Zwar erfüllt die Wolke des Herrn das Haus (8,10), aber eigentlich können der Himmel und aller Himmel Himmel Gott nicht fassen (8,27).

Wann wird das gefeiert?

Am Himmelfahrtstag 2025. Wenige Gemeinden werden diesen Tag klassisch begehen. Etliche werden diesen Tag als Kasualgottesdienst feiern: draußen, mit Taufen, Gemeindefest, Himmelsfest. »Fahrt« für alle, die am Vatertag oder für ein langes Wochenende unterwegs sind.

Zeichen am Himmel im Juli 2024 in Spannung. An diesen Tagen, da ich schreibe, fliegen Raketen auf israelische und palästinensische Siedlungen. Über Paris schwebt ein Ballon mit der olympischen Flamme.

Hoffentlich gibt es einleitend in den Gottesdiensten keine Erklärungen, warum dieses Fest schwer zu verstehen sei o. ä. – langweilig und Zeitverschwendung.

Wo stecken die Pointen? Warum ist es gut, heute zu feiern? Was lockt?

Weggehen und ankommen, abwesend und präsent sein, verlassen werden und sich verlassen auf Versprechen: Spannungen überall. Ich entscheide mich jetzt schon, diesen Gottesdienst mit dem Gebet Salomos zur Tempelweihe zu verbinden. Die Himmelfahrt Jesu kommt kurz vor Augen und Ohren als Lesung. Das genügt in diesem Jahr.

Exegetische Skizze

Zur Entstehung: Nach Martin Noths These von einem einzelnen Verfasser und späteren »Schichtenmodellen« geht man heute eher von einer deuteronomistischen Schule aus, wobei die Quellenlage nicht so heterogen wie im Pentateuch angesehen wird.

Die Tempelweihe wird geschildert als Glanzpunkt in der Geschichte Israels. Kein Schatten fällt auf dieses Ereignis. David war Empfänger der Verheißung. Dass Salomo der Verbindung mit Batseba entstammt, spielt keine Rolle. Noch ist keine Rede davon, dass Salomo später sein Herz anderen Göttern zuneigt (11,4). Die Tempelweihe ist geprägt von der priesterlichen Geschichtsdeutung, alles hänge von der kultischen Treue zum Gott Israels ab. Daran entscheidet sich das Schicksal des Volkes. Der Streit, ob Gott in einem Haus wohnen könne, ist entschieden: Die Herrlichkeit des Herrn erfüllt den Tempel (8,11). Es ist Gottes Wahl, sich hier nahbar zu geben und einen Ort der Präsenz zu wählen. Denn natürlich ist den biblischen Autoren klar, dass »der Himmel und aller Himmel Himmel« (8,27) Gott nicht fassen können, also auch kein gebautes Haus. Die Pointen des Gebets liegen im Dank an Gott für diese Entscheidung und in der Bitte, Augen und Ohren über diesem Haus offen stehen zu lassen, um für die Gebete erreichbar zu sein. Es gibt guten Grund, darauf zu vertrauen, denn der Herr hat gesagt: »Da soll mein Name sein.« (8,29) Daher gehören die Verse 29 und 30 unbedingt zur Perikope dazu, sie sollte nicht abrupt mit Vers 28 enden. Die Aussage erinnert an 2 Mose 20,24: »An jedem Ort, wo ich meines Namens gedenken lasse, da will ich zu dir kommen und dich segnen.« Ein zentraler Vers für das Gottesdienstverständnis Calvins. Wer mag, kann dazu auch assoziieren: »Darum hat ihn auch Gott erhöht und hat ihm den Namen gegeben, der über alle Namen ist, dass in dem Namen Jesu sich beugen sollen aller derer Knie, die im Himmel und auf Erden und unter der Erde sind, und alle Zungen bekennen sollen, dass Jesus Christus der Herr ist, zur Ehre Gottes, des Vaters. (Phil 2,9–11)

Wie kann man das heute in einer diversen Gesellschaft hören? Manche werden sich erinnern an die Diskussion um das Berliner Stadtschloss. Dort werden auf einem Spruchband Teile aus Phil 2 zitiert. (https://www. evangelisch.de/inhalte/214626/13–04-2023/kolumne-evangelisch-kontrovers-wie-mit-der-bibel-inschrift-am-berliner-schloss-umgehen, abgerufen am 30.10.2024)

Weg zur Predigt

Gott ist mobil. Die zentrale Geschichte des heutigen Tages erzählt, wie Jesus bestimmte Menschen an einem bestimmten Ort verlässt, um danach für alle Menschen weltweit erreichbar zu sein. Er führt fort, was Menschen in den Jahrhunderten zuvor auch erlebt haben: Gott ist an bestimmten Orten zu bestimmten Zeiten zu erreichen, aber er lässt sich nicht festlegen. Es gibt keine heiligen Orte für alle Zeiten: Der Name Gottes wohnt zeitweilig an einem Ort und heiligt ihn.

Predigtthema

Gott kommt und lässt sich antreffen. Wo? Gottes Entscheidung, nicht meine.

Alternative: Gottesdienst und Predigt könnten sich auch ganz dem Phänomen »Name Gottes« widmen. Der Namensraum als Erfahrung von Präsenz und Heiligkeit. Teilhabe am Namen Gottes durch unsere Taufe. Bei vielen klassischen menschlichen Namen ist dieser Wunsch nach Teilhabe erkennbar: Dorothea, Theodor, Gottfried, Jonathan, Gabriele usw. Dazu: Jürgen Ebach, Das Alte Testament als Klangraum des evangelischen Gottesdienstes, Gütersloh 2016, 56–72: Im Namen Gottes.

In diesem Entwurf könnte man den Jerusalemer Tempel und das Berliner Stadtschloss ins Gespräch bringen. Wo eine Gemeinde dafür bereit ist, kann das reizvoll werden.
Oder die Namensthematik leitet über zu einer Tauferinnerung »auf den Namen des Vaters und des Sohnes und des Heiligen Geistes.«

Vorschläge zur Liturgie

Gebet zum Eingang

Gott im Himmel und auf Erden:
danke, dass du ein Gott unterwegs bist.
Mit Abraham und Sara,
mit Jakob und Esau,
mit Rut und Noomi,
mit Maria und Josef,
mit Petrus und Andreas,
mit unseren Familien und mit uns.
Hier.
Jetzt.
Rast auf dem Weg.
Du bist da.
Wir sind da.
Das ist gut.
Amen.

Psalm: Phil 2,5–11 oder Ps 36,6–11.
Der vorgesehene Ps 47,2–10 erreicht mich nicht.

Kyrie

Du bist da. Wir sind da. Kommen wir zusammen? Steht etwas zwischen uns, Gott?
Halte Augen und Ohren bitte auf für das, was wir mitbringen: Ballast.
Seelenmüll.
Not. Streit. Was immer es ist, wir sagen es dir in der Stille und geben es ab in deine Hände: ...
Stille

Du hast versprochen, für uns da zu sein. Wir brauchen dich. Jetzt. Hier.
Kyrie eleison ...

Gloria

Auf alle Gottesverheißungen ist in Jesus Christus das Ja; darum sprechen wir durch ihn auch das Amen, Gott zum Lob. (2 Kor 1,20)

41

Lesungen: Joh 17,20–26; Apg 1,3–11

Fürbittgebet

Wir schauen auf dich, Gott. Wir hoffen auf dich, Gott.
Alle: Oculi nostri ad Dominum Deum, oculi nostri ad Dominum nostrum.
(Taizé)
Und wir bitten dich: Halte deine Augen und Ohren offen für
Menschen in Angst.
Hier bei uns und an jedem Ort unter deinem Himmel.
Oculi nostri ...
Halte deine Augen und Ohren offen für alle, die Gewalt erfahren.
Weltweit und auch hier bei uns.
Oculi nostri ...
Halte deine Augen und Ohren offen für jene, die nicht wissen, wie ihr
Weg durchs Leben weitergehen soll. Wohin? Wie? Aus welcher Kraft?
Oculi nostri ...
Halte deine Augen und Ohren offen, Gott, für Menschen, die mit sich
selbst zufrieden sind, denen es gut geht und die nichts vermissen.
Oculi nostri ...
Wir schauen auf dich, Gott. Wir hoffen auf dich. Jetzt und hier und in
der Zeit, die kommt. Dich allein beten wir an: Vaterunser ...

Lieder: EG 166,1.2.5.6 Tut mir auf die schöne Pforte; EG 123 Jesus Christus herrscht als König; EG 153 Der Himmel, der ist; EG (Hessen-Nassau) 594 Der Himmel geht über allen auf; EG (HN) 557 Ein Licht geht uns auf; EG (HN) 625 Wir strecken uns nach dir; EG+ 102 Da wohnt ein Sehnen; EG+ 142 Verleih uns Frieden gnädiglich

Vorschlag zur Predigt

Möglicher Anfang

»Ist das nicht fantastisch?« Ruben ist begeistert. Er sitzt vor seiner
Schriftrolle und schreibt und schreibt: »Salomo trat vor den Altar Gottes vor der ganzen Gemeinde und breitete seine Hände aus und sprach:
Herr, Gott Israels ...«
Ruben macht eine Pause. Da wäre ich gern dabei gewesen. Der größte
Moment in der Geschichte Israels. Alles in Ordnung. Alles sicher. Ein

König, mächtig, reich *und* weise, wo gibt es das heute noch? Alle staunen, ein Riesenfest. Warum kann es heute nicht mehr so sein? Alle feiern gemeinsam, es gibt keinen Streit ...

Nehemia unterbricht ihn. »Glaubst du, dass das wirklich so war? Ich kann mich an keine Großveranstaltung erinnern, wo es keinen Streit gegeben hätte. Außerdem waren nicht wirklich alle begeistert von Salomo.«

Ruben schüttelt den Kopf. Darum geht es doch gar nicht. Wir schreiben hier auf, was die Nachwelt beherzigen sollte. Und das ist der Kern: Wenn alle sich an das halten, was im Allerheiligsten, im Zentrum des Tempels liegt, dann wird die Zukunft gut. Was ist unsere Mitte? Die Zehn Gebote!»Nein, Ruben!« Nehemia widerspricht energisch.»Die Mitte sind nicht die Zehn Gebote, sondern Gott selbst! Gott hat sich entschieden, den Tempel als Wohnort zu akzeptieren. Aber Gott bleibt mobil. Wenn er sich anders entscheidet, ist der Tempel nur ein Gebäude.«

So könnte eine Diskussion ausgesehen haben zwischen zwei Schreibern im alten Israel. Sie hatten Berichte gesammelt und schreiben sie nun im Zusammenhang auf. Was ist an dieser Einweihung des Tempels zu König Salomos Zeiten wichtig?

Diese Diskussion zwischen den beiden ist nicht überliefert. Ich habe sie in mir vernommen, als ich die heutige Predigt vorbereitet habe. Natürlich gab es Diskussionen, auch damals. Die einen in Israel wollten endlich einen ordentlichen stattlichen Tempel haben: So sieht Glaube aus. Es muss einen gemeinsamen Ort geben, wo Gott und Menschen in Verbindung kommen.

Die anderen sagten: Wir haben Gott aber kennengelernt als einen Gott, der Menschen unterwegs trifft, auf einem Berg, in der Wüste oder am Brunnen.

Daher passt diese Diskussion ziemlich gut zum Himmelfahrtstag. Diskussionen gibt es bei uns auch. Drinnen oder draußen Gottesdienst? Die einen lieben die Kirche als Ort der Ruhe, als Oase oder als Treffpunkt. Die anderen sind angetan davon, draußen zu feiern unter freiem Himmel. Ob Gott da eine Meinung hat?

Zum weiteren Verlauf

Ich werde hier auf die Haltung beim Beten eingehen. Nach oben schauen wie Salomo oder viele Menschen in Freikirchen? Oder nach unten, um mich zu konzentrieren und mich nicht ablenken zu lassen? Gott ist so oder so erreichbar. Wer mag, kann den Scherz von den drei Kirchenvorstehern einfügen. Einer plädiert für oben, einer für unten. Der dritte sagt: Letzte Woche habe ich die Hecke geschnitten und bin kopfüber darin stecken geblieben. Da habe ich so intensiv gebetet wie noch nie!

Jedenfalls geht es im Kern ums Beten, um lebendige Kommunikation mit Gott. Da sind sich Ruben und Nehemia einig. Gott ist überall, aber es ist für uns hilfreich, einen Ort zu haben, wo gemeinsam Gottes Nähe schon erlebt worden ist. Für mich atmen und speichern unsere Kirchen solche Erfahrungen.

Das Gebet Salomos öffnet mit Erinnerung. Das ist eine gute Idee. Wo sind wir uns schon begegnet, Gott? Was habe ich wahrgenommen? Was ist von dir bei mir angekommen? Danke!

Als zweite Pointe nehme ich die Bitte Salomos auf für die eigene Gemeinde: Bitte halte Augen und Ohren über diesem Haus offen für unsere Gebete!

Möglicher Schluss

Gott zieht in Häuser ein, in kleine und große, prächtige und schäbige. Nicht die Architektur macht sie zum Gotteshaus, sondern was darin als Zeichen wertgeschätzt wird: die Tafeln mit den Zehn Geboten in Jerusalem, die Bibel in unserer Kirche, Kelch und Teller für das gemeinsame Mahl mit Jesus.

Gott zieht auch wieder aus Häusern aus, wenn es ihm nicht gefällt oder wenn er dort eingesperrt werden soll in bestimmte Bilder, Gedanken und Traditionen.

Gott ist mobil. Da ist es gut, wenn wir Salomos Bitte auch an uns selbst richten: Ich will Augen und Ohren offen halten auf meinen Wegen. Es ist gut, durchs Leben zu gehen mit dem Verdacht, Gott treffen zu können: in Menschen, in Erlebnissen, in inneren Ideen oder Mitteilungen von außen. (Es wäre interessant, wenn die Predigt mit einer persönlichen Erzählung schließen würde, wo solche Begegnung/Deutung erlebt worden ist. Nicht als Beweis, sondern als Zeugnis gesprochen.) Weise zu sein wie Salomo heißt auch: Augen und Ohren offen halten für Gottes Signale.

Gestaltungsidee

Der Gottesdienst bietet Gelegenheit, einmal andere Gebetshaltungen auszuprobieren als die gewohnten. Dazu braucht es Raum, sich zu bewegen und zu verhalten, ohne dass es peinlich wird.

Kontexte und Tipps zum Text

Ein Mädchen geht mit seiner Mutter durch die Stadt. Vor einer großen Kirche fragt sie: Was ist das für ein Haus? Die Mutter antwortet: Das ist eine Kirche, da wohnt Gott. Das Mädchen: Ich denke, der wohnt im Himmel? Die Mutter denkt nach. Darauf das Mädchen: Ich weiß! Im Himmel wohnt er und hier hat er seinen Betrieb!

stille

wenn wieder / einmal zu viel / gesprochen wird / wenn die worte / sich überschlagen / durcheinander purzeln / und nicht geerdet sind. / wenn wir / in deinem namen zusammen kommen / und uns nichts zu sagen haben / wenn wir / zuhören und viel hören / und doch nichts verstehen / wollen wir / lieber in die / stille zu dir / auswandern. / um dir zu begegnen / deiner kraft / die uns anstachelt / deiner entschiedenheit / die uns ermutigt / deiner fantasie / die uns frei macht / neu zu werden. / amen
aus: Julia Strecker, Der Sehnsucht Sprache geben, Gütersloh 2000, 82 f., © bei der Autorin.

zwei seiten

alles hat immer zwei seiten / die eine die mut macht / und groß und schön und / kraft gibt / die andere / die angst macht / und klein und kraftlos. / ohne mut bin ich / am ende / mit beiden seiten. / da ist nur die / orientierungslosigkeit / eine große / sehr große / lücke / ein loch / verlorene energie. / ich weiß nicht ein / noch aus / sehe keine / lösung / und auch kein / weiterkommen. / wenn ich / doch beide seiten / sehen könnte / wenn ich doch / in berührung käme / mit dem / was mehr und / was dahinter ist / was du bist. / wenn du dich mir doch / offenbaren würdest / du gott / du geheimnis / du groß und klein / du ganz weit und ganz nah / du gegenüber / gesicht der beiden seiten / zeige dich. / amen
aus: Julia Strecker, Der Sehnsucht Sprache geben, Gütersloh 2000, 43 f., © bei der Autorin.

Exaudi
Eph 3,14–21

Martin Ost

Erste Begegnung mit dem Text

Der Text klingt (mir) ein bisschen arg feierlich, das Gottesbild aus königlichen Zeiten nicht zeitgemäß. Vor allem aber: Wie findet es eine Gemeinde, dass der Apostel für sie betet? Als Gemeindepfarrer hätte ich solches öffentlich bekundetes Gebet nicht gewagt, mich eitel gefunden und die Gemeinde abgewertet: Ich bete für euch (weil ich den Draht zu Gott habe) und ihr könnt dankbar sein, die ihr das Gebet nötig habt. Der Autor hier kann freilich nicht vor Ort sein, aber die Gedanken an die Gemeinde treiben ihn um. Schnelle Antworten auf seine Fragen kann er nicht bekommen, von Hoffnungen und Befürchtungen will er sich nicht treiben lassen – also betet er und wendet seine Sorgen in Bitten an Gott. Fürbitten sind eine eigene Kunst. Manche Kirchengebete erzählen Gott (»Du weißt, dass ...«), was Prediger oder Predigerin in der Predigt nicht untergebracht oder was er/sie sonst noch auf dem Herzen hat. Von einer Predigt kann ich mich innerlich distanzieren und hinterher widersprechen, in ein Gebet soll und will ich einstimmen und fühle mich indirekt gemeint, angeredet über den Umweg »Gott«. Ganz frei davon ist das Gebet hier nicht, ist am Ende wenigstens »konstruktiv«, weil es Kraft wünscht und Verstehen und den Beistand Christi. Befremdlich klingt V. 14 »Breite, Länge, Höhe und Tiefe« – wovon? Sind theologische Erkenntnis oder das Wesen Gottes oder Christi messbar? Ein klares Bild der Gemeinde entsteht nicht, die angesprochenen Themen sind in vielen Gemeinden virulent.

Exegetische Skizze

Die Frage nach dem Verfasser war lange umstritten, vor allem die »Christliche Haustafel« mit ihren Weisungen an die Ehefrauen erregte

Anstoß und bewog die einen Exegeten, Paulus als Verfasser anzunehmen, andere, ihm gerade diese Weisungen nicht zuschreiben zu wollen. Entsprechend datieren die Auslegungen den Brief zwischen 60 und 100 n. Chr. »Der Epheserbrief ist ein theologischer Traktat, der in Briefform gekleidet ist.« Schnackenburg wendet ein, dass der ausführliche »Paraklese-Teil« des Briefes diesen von der Weisheitsrede ebenso wie von einem theologischen Traktat unterscheidet.

Die in den ethischen Kapiteln angenommene Verfasstheit der Gemeinde scheint mir mehr in die Zeit der Pastoralbriefe zu deuten, in den Kapiteln 1–3 ist aber auch von Verfolgung der Christen und von Ermutigung zur Selbstbehauptung die Rede – eine Gemeinde also zwischen »bürgerlicher« Integriertheit und einem Anstoß erregenden Anders-Sein. Schnackenburg setzt den Brief um 90 an und schreibt: »In ihrer bürgerlichen Umgebung sind sie in Gefahr, zu ›verbürgerlichen‹... und ihre christliche Identität zu verlieren.« Er vermutet sie als städtische Gemeinde, denkt aber nicht speziell an Ephesus, sondern an einen »Kreis von Gemeinden«, die »gemeinsam angesprochen werden.« (EKK X, 25)

Unser Text gilt als Schnittstelle zwischen Theologie (Kap. 1–3) und Ethik (Kap 4 ff.): Die theologischen Kapitel sprechen aber auch das Leben der Christenmenschen an, dem Gnade geschenkt ist, und mahnen zur Gemeinschaft zwischen Juden- und Heidenchristen, wobei der Verfasser sich als Anwalt der Heiden darstellt. Das ist ein theologisches Anliegen, deutlich angesprochen im Blick auf Verwerfungen in der Gemeinde. Die theologischen Gedanken sind an der konkreten Lage der Gemeinde orientiert. Verwerfungen beheben soll die theologische Erinnerung an den Grund des Daseins der Gemeinde. Ab dem 4. Kapitel folgen ethische Ratschläge. Durch Stärkung des inneren Menschen und Glauben sollen die Gemeindemitglieder fähig werden, als Christen zu leben. Auffallend deutlich werden Glauben und Liebe zusammengehalten und damit eine Schnittstelle zwischen Theologie und Glauben markiert.

In diesem Zusammenhang ist von Breite, Länge, Höhe und Tiefe die Rede, ohne dass genau ausgeführt wird, wer da in welcher Art messen soll oder kann. Vielleicht kann man es so deuten, dass Menschen nicht messen sollen, was »passt« oder nicht, damit alle in der Gemeinde sind einordnen an ihrem Platz, sondern in Liebe miteinander leben und umgehen in all der erwähnten Verschiedenheit ihrer Mitglieder. Die Weite spüren und in Liebe miteinander umgehen, das ist der Umschwung von Lehre zum Leben im Namen Jesu.

Weg zur Predigt

Auch unsere Gemeinden sind vielfältig und die Menschen verschieden. Wir leben in Zeiten, in denen diese Vielfalt Menschen verunsichert, manche gar aggressiv macht. Manche vermuten, dass früher alles einheitlicher war, und sehnen sich in solche Zeiten zurück. Der jüdische Hintergrund wird meist von der Pfarrerin oder dem Pfarrer eingebracht (hoffentlich!), ein erster Hinweis auf Bruchlinien in diesen frühen Gemeinden. Damals wie heute bringen Menschen je eigene Hintergründe in das Miteinander ein. Der Mehrheit ist das oft nicht bewusst, die (vielleicht nur gefühlte!) Minderheit erträgt schweigend, in der zweiten Reihe zu stehen. Der weiße, westliche, einheimische Hintergrund bestimmt – dass nicht alle einstimmen und sich darin aufgehoben fühlen, wird oft erst in Konflikten bewusst. Und auch da braucht es Menschen, die genauer hinsehen und diese Konflikte nicht auf persönliche Eigenheiten oder bloße Missverständnisse zurückführen. Wer die Welt ermisst, die in einer christlichen Gemeinde herrschen kann, weil Gott einen weiten Himmel über uns ausspannt und Jesus die Weite gelebt hat, indem er sich gerade den Marginalisierten zuwandte, könnte eine Richtung der Predigt spüren. Genau messen muss, wer eine Küche einbauen will. Wer aber eigene Maßstäbe an andere Menschen anlegt, nimmt ihnen Spielraum und urteilt nach subjektiven Kriterien über Menschen.

Predigtthema

In unserer Unterschiedlichkeit gründet eine Vielfalt, die neue Blickrichtungen ermöglicht, Aufatmen schenkt und eine Bereicherung unseres Lebens ist.

Vorschläge zur Liturgie

Einleitung: Manchmal wünschen Menschen sich, Jesus selbst zu sehen, Gottes Macht beweisen zu können. Sie fühlen sich zu schwach für das Leben und all das, was sie erleben. Der Vers für diesen Sonntag will Hoffnung machen: Wir sind nicht auf unsere Kraft angewiesen, Christus will uns Halt geben und Heimat und Zukunft.

Kollektengebet

Komm zu uns, Gott,
lass deine Kraft uns spüren, deinen Trost, deine Freude,
damit wir nicht schwach sind und trostlos
und Freudlosigkeit verbreiten.
Oder: Was kommt, wie wird es morgen sein,
wie soll es weitergehen –
wenn wir die Nachrichten hören aus unserer Welt,
ist wenig Grund zur Hoffnung.
Und wenn wir in unser Herz schauen,
wird es nicht besser.
Lass uns im Blick behalten,
dass die Zukunft in deiner Hand steht
und wir auf dich zugehen,
damit wir den Weg nicht aus den Augen verlieren
und die Hoffnung nicht aufgeben.
Amen.

Lieder: Wochenlied EG 136,1.3.7 O komm, du Geist der Wahrheit; EG 165 Gott ist gegenwärtig; EG (Bayern) 564 Komm, Heilger Geist, mit deiner Kraft; Singt Jubilate 48 Wir glauben, Gott ist in der Welt; Predigtlied: Kommt, atmet auf Nr. 083 Meine engen Grenzen

Vorschlag zur Predigt

Möglicher Anfang

»Ich bete für Sie!«, sagt die Pfarrerin. Darauf die Gesprächspartnerin: »Ach – steht es denn so schlimm um mich?«
Ich weiß nicht, wie Sie es aufnähmen, wenn ich wie der Verfasser die-

ses Briefes Gott anriefe für unsere Gemeinde. Genau besehen sagt er nicht »unsere« Gemeinde, redet eher wie ein Außenstehender. Das stimmt auch, denn er kann nur aus der Ferne erleben, ahnen, fürchten, wie die Menschen dieser Gemeinde miteinander umgehen. Statt aber voller Unruhe sich alles auszumalen, Befürchtungen und Hoffnungen zu bewegen, wendet er sich an Gott.

In der Gemeinde gibt es Differenzen – das muss uns nicht fremd vorkommen. Wir sind nun einmal verschieden und bringen in unsere Beziehungen immer eigene Erfahrungen und Geschichten mit ein. Sie bestimmen, wie wir Welt und Mitmenschen sehen, was uns wichtig ist, wovor wir uns fürchten oder wogegen wir Bedenken haben.

In diesem Brief ist es nicht anders: Juden und Heiden, obwohl sie nun alle Christen und getauft sind, haben verschiedene Weltanschauungen, Lebensgewohnheiten und Themen, Prioritäten.

Zum weiteren Verlauf

Wenn wir hier eine Diskussion anfingen, wie wir die Welt sehen, politisch, wirtschaftlich, sozial – die Meinungen würden sich sehr unterscheiden. Selbst wenn wir nur über unser Leben redeten, über Hoffnungen und Sorgen, wären die Meinungen durchaus unterschiedlich. Aber selbst, wenn wir nicht darüber reden, schlägt das im Alltag durch: Die sich im Umweltkreis engagieren haben andere Themen als die Freundinnen und Freunde der Arbeit am Ostbahnhof. Andere plagt die Sorge, was aus ihrem Arbeitsplatz wird, wenn sich alles ändern soll für das Klima oder den Frieden. Und wieder andere sind voller Unruhe, wie es in Deutschland weitergeht, wenn so viele Menschen mit ihren eigenen Sitten ins Land kommen. Sie fühlen sich fremd im eigenen Land und wünschen sich Zeiten zurück, in denen Lebensläufe und -gewohnheiten ähnlicher waren und selbst, wenn man anders lebte, doch wenigstens ahnte, was der Nachbar meinte, wenn er von seinem Leben erzählte.

Das sind nicht die Fragen der Menschen damals. Wenn man den ganzen Brief liest, merkt man das, obwohl er in vielen Dingen sehr allgemein redet. Aber nun betet er für die Gemeinde zu Gott – und es klingt ein bisschen anders, nicht nur nach Sorge und einer ernsten Lage. Diese ganze vielfältige und nicht wirklich einige Gemeinde wird Gott ans Herz gelegt. Der große Gott, der hier so feierlich angeredet wird, nimmt sich der Menschen an, ihrer kleinen und großen Sorgen. Gott schaut nicht weg, weil sie sich nicht einig sind, und er redet nicht von Einigung und Frieden, sondern diese kleine Gemeinschaft, die uneinig ist, wie es unter Menschen immer wieder ist, die ist ihm wichtig genug – dem Verfasser dieses Textes und auch Gott.

So werden all die persönlichen und manchmal sehr begrenzt gültigen Ansichten und Unterschiede Gott ans Herz gelegt: Wir sind Gott alle Aufmerksamkeit wert, wir müssen nicht irgendwie Heilige sein, damit er sich um uns kümmert, Und wenn wir manchmal nicht mehr wissen, was wirklich wichtig ist – er schaut uns an und sorgt auch für unseren bunten Haufen. Irgendwie ist es tröstlich.

Aber irgendetwas muss eine Gemeinde doch auch verbinden. Da kommt die seltsame Formulierung von der Länge und Breite und Höhe ins Spiel, die sie begreifen sollen. Wovon? Das bleibt seltsam offen. Ich denke: Er meint »Denkt nicht zu eng!«, – nicht zu eng von Gott und Glauben, nicht zu eng von den Menschen um euch herum und auch nicht zu eng darüber, was richtig ist und was nicht die richtige Lehre ist. Da ist viel Raum, und Gott ist größer und sein Herz weiter, als wir es uns denken und ausmalen.

Spüren Sie, wie man da aufatmen kann – aufatmen, wie auf einem Berg, einen weiten Blick vor sich, den Himmel über uns und all die alltäglichen Probleme irgendwie weit weg und gar nicht so wichtig, wie sie uns sonst scheinen?

Das ist das erste, was er uns mitgibt: Es ist Platz für alle in der Gemeinde bei Gott – die einen und die anderen und die ganz anderen. Und wenn wir den anderen ihren Raum lassen, dann können wir mit ihnen singen und beten und zum Abendmahl gehen und Gemeindefest feiern, können mit ihnen manchmal auch streiten um Meinungen – aber trotzdem haben wir alle unseren Platz. Nicht nur in dieser Gemeinde, auch bei Gott.

Dazu sind alle nur aus Gnade, weil Gott es so wollte, in der Gemeinde der Christen, egal, ob Jude oder Heide. Der Blick auf die Mitchristen ist ein anderer, wenn wir sie so ansehen.

Möglicher Schluss

So legt er ihnen die Liebe ans Herz. Im zweiten Teil des Briefes geht es um alltägliche Fragen und das Miteinander in dieser Welt. Wie können wir als Christen leben – in der Familie, in der Ehe, mit unseren Mitmenschen. Nicht um Richtigkeiten und Wahrheiten geht es, die so oft die Diskussionen bestimmen. Schon gar nicht darum, dass wir unsere Maßstäbe an alle anderen anlegen. Es geht nicht um das, was ich gut finde und wahr, sondern darum, dass wir einander schätzen. Dass wir einander stehen lassen können. Dass wir miteinander reden und uns manchmal nicht einigen, aber wir können uns die Hand geben und einander grüßen, und der schwierige Mensch, der immer etwas zu kritisieren hat, und meine Banknachbarin, mit der man ja nicht übers gesunde Essen reden sollte, weil sie da ihre ganz eigenen Meinungen hat, die sie mit Eifer vertritt, fast wie eine Religion, denke ich manchmal – auch sie ist Gottes Kind, und wenn ich mit ihr nicht klarkomme, einen Platz am Herzen Gottes hat auch sie. Spüren Sie, wie man auch streiten kann in diesem Geist?

Wie die Vielfalt bleibt und trotzdem etwas da ist, das die Menschen verbindet? Und wenn man einander manchmal auch ärgerlich findet – kann man doch reden und lachen und feiern und beisammen bleiben in der einen Gemeinde.

Gestaltungsidee

Mit einem Zollstock auf die Kanzel gehen oder eine Schneiderelle in den Raum stellen, die alle sehen können. »Messen Sie den Platz, den Sie zum Sitzen brauchen!« oder »Messen Sie den Menschen neben sich!«.

Wir messen Küchen aus und es kommt auf den Millimeter an, wir messen aber auch Menschen und ihr Leben. Aber da bringen wir unsere eigenen Maßstäbe mit, die wir so objektiv finden wie einen Zollstock. In Wahrheit aber handelt es sich um unsere Maßstäbe, in denen wir aufgewachsen sind, und die wir nur dann bewusst wahrnehmen, wenn wir an einer Stelle irgendwie ausgebrochen sind, anders leben und handeln, als wir es einmal lernten.

Pfingstsonntag
Joh 14,15–20(20–23a)23b–27

Anselm Friederich-Schwieger

Erste Begegnung mit dem Text

Starke, ruhige Zuversicht weht einem entgegen, friedliche Gewissheit. »Nur kein Herzklopfen, für euch ist gesorgt! Ihr bekommt, was ihr braucht!« Ja? Wirklich? – Wer hört sich das an, wer glaubt so etwas noch in unseren Tagen? Kirchen, Medien und Politik leiden an Glaubwürdigkeitsverlust. Man nimmt ihnen ihre Rhetorik nicht mehr ab. Sollte es dem Johannesevangelium besser ergehen? Der Abschnitt wirkt wie ein Brocken von einem fernen Stern – fremd in unserer verunsicherten Welt (der ja auch Blindheit und Unwissenheit attestiert werden), fremd in überreizter Zeit. Kann ich unbefangen hören, wovon Johannes singt, kann ich diesem Friedenslied trauen, kann ich es anderen zumuten? Einzelne Passagen berühren wohl spontan. Das befreiend-schlichte »Ich lebe und ihr sollt auch leben« zum Beispiel, das warme »Frieden lasse ich euch«, auch das tröstliche »euer Herz erschrecke und fürchte sich nicht«. Befremdlich dagegen berührt mich das Wort »Gebote«. Gibt es außer den Zehn Geboten vom Sinai, außer der »goldenen Regel« und dem riesigen Gebote-Wust des Alten Testaments noch weitere, spezielle Jesus-Gebote, die ich bisher verpasst habe? Seltsam kommt mir auch vor, wie der Heilige Geist als Lehrer und Erinnerer erscheint. Doch echter Trost geht vielleicht wirklich oft zusammen mit Erinnerung und Belehrung, wenn diese jedenfalls Horizonterweiterung meint. Dann immer wieder Verschlingungen: »Christus im Vater«, »Christus in uns«, »wir in Christus« – so entsteht ein dichtes, wechselseitiges Gewebe. Ist das die Textur der Liebe? Oder eher die Selbstumdrehung einer Ideologie? Auf jeden Fall und trotz aller freundlichen Details: Dies ist kein »Wohlfühl-Text«, dieser sprachliche Sternensplitter! Indem ich mir das eingestehe, erwacht meine Neugier: »Schau mal, in der öden Langeweile korrekter Verlautbarungen und verkrampft-bemühter Sprachgebilde fällt uns als Pfingstgeschenk – aus welchem Himmel auch immer – dieser biblische Brocken zu, unausgewogen, einseitig und anstößig! Ist das nicht fantastisch? Ist das nicht, vor allem Verstehen und Nicht-Verstehen, als solches schon kostbar?« Vielleicht schon, nur: Wie mit dieser Kostbarkeit umgehen? Wie sie teilen?

Exegetische Skizze

»Johannes sieht uns in einem großen Prozeß (...), in dem wir den Eindruck haben können, von der scheinbar übermächtigen Gewalt des Bösen überwältigt zu werden.« (G. Ravasi, Das Evangelium nach Johannes, Verlag Neue Stadt 1996, 131) Wie ein Schutzwall gegen diesen bedrohlichen Eindruck türmen sich im Johannesevangelium die sog. Abschiedsreden Jesu auf (Kapitel 14 bis 17). W. Klaiber (Das Johannesevangelium, Teilband 2, Neukirchen 2018) gliedert sie in drei Teile: »Der Abschied des Kommenden«–»Die Ermutigung der Bleibenden«–»Das Hohepriesterliche Gebet«. Unser Abschnitt ist die zweite Hälfte des ersten Teils. Klaiber unterscheidet darin ein erstes Parakletenwort (Verse 15–24»Der Geist der Wahrheit und das Kommen Jesu«) und ein zweites (Verse 25–31»Der Geist der Lehre und der Friede Christi«). Will heißen: Wir haben im Grunde zwei Predigttexte vor uns (die sich wohl ergänzen, doch jeder für sich wäre allein schon genug!). Mit Vers 15 stellt sich als erste Frage, wie wir *entole* übersetzen. Folgt man der klassischen Wiedergabe mit »Gebot«, sollte man sagen können,was konkret gemeint ist. J. J. Kanagaraj hält sich wörtlich an die vorausgehenden Passagen im Evangelium: »The plural »commandments« includes his command to wash one another's feet (13:14–15), to love one another (13:34;15:12), to believe in the oneness oft he Father and the Son (14.8–11), and to ask him anything in his name (14.13–14).« (J. J. Kanagaraj, John – a new covenant commentary, Cascade Books 2013, 147) Klaiber dagegen (a. a. O. 104f.) sieht in den »Geboten Jesu keinen Katalog von gesetzlichen Vorschriften. Es geht um das Ganze seiner Botschaft, die Gesamtheit seiner Weisungen. Das zeigt die parallele Formulierung in V. 23: mein Wort halten. Wer Jesus liebt, hält sich an das, was er verkündet und geboten hat.« Der 1. Klemensbrief sah in den *entolas* die Gebote der Bergpredigt. Manch einer unserer Gottesdienstbesucher und Gottesdienstbesucherinnen wird bei »Gebote« instinktiv an die Zehn Gebote denken, die Jesus ja nicht aufheben, sondern erfüllen wollte (Matthäus 5,17). Tut sich somit bereits ein weites Feld auf, so wird dies noch weiter, wenn wir eine andere, durchaus gängige Übersetzung von *entole* hinzuziehen. Im Lateinischen ist nämlich neben *praeceptum* ebenso *mandatum* möglich, also »Anweisung« oder »Auftrag«. Christi *entole* wäre dann »Christi Auftrag«, – und das sowohl im Sinne dessen, was er die Seinen zu tun »beauftragt«, als auch als Auftrag seiner (Christi) eigenen Mission. »Liebt ihr mich, so werdet ihr meinen Lebensauftrag beibehalten ...« Warum nicht dieser Spur folgen? Mit V.16 fällt das zentrale Stichwort *parakletos*. Das ist wörtlich »jemand, der (zur Unterstützung bzw. als Beistand) herbeigerufen wird.« (Klaiber, 105, passt gut zur o. g. Gesamtsicht von Rawasi.) Der Übersetzungen sind viele: »Tröster«, »Fürsprecher«, »Helfer« oder »Beistand«. In V.17 bestimmt ihn der Text selbst als »Geist der Wahrheit« – eine Formulierung, welche überhaupt nur in den johanneischen Abschiedsreden vorkommt und von daher besondere Beachtung verdient. V.26 dann lässt diesen Geist die Aufträge Christi »lehren« und an sie »erinnern«. »Dieses Erinnern ist ein kreativer Prozess, es ist ein Erinnern, das in ein vorher nicht gekanntes Verstehen hineinführt.« (Klaiber, 112) »Zeugnisse der geistgewirkten Erinnerung an Jesus sind die Evangelien. Das Johannesevangelium ist es in Hinsicht auf die vergegenwärtigende Neuformulierung des Überlieferten in besonderer Weise.« (K. Wengst, Das Johannesevangelium 2.Teilband, Stuttgart 2001, 132) »Parakletos« ist eine solche Neuformulierung. »Der Name Paraklet findet sich nur bei Johannes, die Sache begegnet jedoch auch bei Paulus in Röm 8,26 f.«. (Klaiber, 110)

Schließlich die Friedensthematik, genauer: Friede als Frage des Geistes. Schroff wird der *kosmos* ausgegrenzt (wie kann er so negativ gesehen werden, wo *kosmos* doch ursprünglich »Schmuck« bedeutet?) Wenn ein rein jenseitiger Friede gemeint wäre, – was könnte er hier und jetzt trösten? Es muss eine Erfahrung des Ganzen, Heilen unter hiesigen Bedingungen sein, was Jesus verspricht, und zugleich etwas, das weit übers Hiesige hinausgeht ...

Weg zur Predigt

Es soll eine Ermutigung zum Frieden werden, und das in Pfingstperspektive.

Predigtthema

Frieden? Dafür haben wir Geist.

Vorschläge zur Liturgie

Eingangsspruch: 2 Kor 3,17

Gebet

Geist der Treue, wir kennen dich und kennen dich nicht.
Geist der Wahrhaftigkeit, wir trauen dir und trauen dir nicht.
Geist der Verbundenheit, wir beschwören dich und verleugnen dich.
Geist der Liebe, wir besingen dich und treten dich mit Füßen.
Das ist unsere Zerrissenheit, das ist unser Elend.
Da gibt es nichts schönzureden.
Eingebunden sind wir in unsere Zeit mit aller ihrer Abwehr deiner Gegenwart. Treulos verhalten wir uns, unaufrichtig, leben isoliert und allzu brav, – doch bisweilen wird uns bewusst, dass wir all das nicht wollen, dass wir all das nicht müssen, dass es so nicht stimmt, weil du ja da bist, still und stark.
Liebevoll und kritisch bist du da, uns zugute, an unserer Seite, wirklicher als das Geplärr um uns. Möge heute so ein bewusster Tag sein.
Möge dieses Pfingstfest uns nachdenklich machen, nachdenklich-zuversichtlich.
Möge es uns öffnen für die echten Nöte weltweit und für die realen Überlebensfragen.
Möge es uns klein machen vor deiner Kraft, Heiliger Geist, die in den Kleinen mächtig ist.
Amen.

Geist der Wahrheit, so viel Friede ist schon wahr, mitten unter uns, nur unbemerkt, hilft uns durch Tage und Nächte, lässt uns friedlich einschlafen und erfrischt erwachen.
So viel realer Friede. Erinnere uns daran, das brauchen wir.
Öffne unsere Sinne für allen schon geschenkten Frieden! Das soll uns immun machen gegen Genörgel und Gemecker, so dass unsere Gebete den Jammerton verlieren und das Klagen auf hohem Niveau endet.
Erinnere uns an den Frieden, den der Christus schon gebracht hat, uns schon anvertraut hat.

Erinnere uns an die Realität, dass Christus uns seinen Frieden gegeben hat! Wenn wir erst wieder ermessen, wieviel Friede uns Tag um Tag umgibt, wie viele Menschen auch dafür arbeiten und kämpfen, wenn uns darüber das Herz weit wird, dann werden wir – mit deiner Hilfe – auch fähiger zur Liebe, wie Jesus sie uns ans Herz gelegt hat. Dann leben wir Jesu Impulse fröhlicher. Dann werden wir auch kräftiger beten um all den Frieden, der vielen so furchtbar fehlt. Dazu die Dankbarkeit und Unbefangenheit, dafür das Vertrauen: Darum bitte wir dich heute an deinem Fest. Für uns und für alle, die es brauchen.

Lieder: EG 133 Zieh ein zu deinen Toren; EG 130 O Heiliger Geist, kehr bei uns ein; EG 433 Hevenu Schalom aleichem

Vorschlag zur Predigt

Möglicher Anfang

Frieden ist möglich, liebe Gemeinde; immer noch, so abwegig es scheint. Frieden ist möglich. Das ist der Trost des Geistes. Darin liegt die Kraft des Pfingstfestes. Frieden ist uns möglich. Das soll unser Trost sein, an einem Pfingstfest in schwieriger Zeit. Frieden ist unser Auftrag, nach wie vor. Die kirchliche Friedensbewegung mag gescheitert sein. Die vielberufene »Zeitenwende« ist eine Wende rückwärts in unselige Tage kalten Krieges und verschwenderischer Hochrüstung geworden. Die gar nicht »sozialen« Medien belasten das Aufwachsen unserer Kinder. An den Spitzen von Parteien und Großmächten stehen fragwürdige Gestalten. Trotzdem gilt unser Friedensauftrag ungebrochen. Das ist keine Last, sondern unser Glück. »Meinen Frieden gebe ich euch«, sagt der Christus. »Vergesst das nicht«, sagt der Geist. Heute ist ein guter Anlass, uns erinnern zu lassen. Zum Frieden sind wir bestimmt innen wie außen, persönlich wie politisch. Es geht nicht um abgeschottete friedliche Seelen-Inseln inmitten einer hochaggressiven Menschheit. Es geht um gutes Leben für alle auf Dauer. Calvin hat klargestellt: «Unter Frieden versteht Christus glückliches Ergehen, wie die Menschen es sich zu wünschen pflegen, wenn sie sich treffen oder auseinandergehen.« Dazu sind wir bestimmt, damit beauftragt. »Dafür bräuchten wir Geist«, sagt die Skepsis. »Dafür haben wir Geist«, sagt das Pfingstfest. Eine allzu vollmundige Behauptung? Beweist nicht die gegenwärtige Ratlosigkeit auf allen Gebieten, dass überall der Geist fehlt? Das mag so sein. Dann aber ist es gerade nützlich, Worte im Herzen zu bewegen, die durchdrungen sind von der realen Gegenwart guten Geistes in uns. Frieden ist möglich, weil wir – auch! – geistige Wesen sind. Schauen wir, wie das Johannesevangelium dies entfaltet ...

Zum weiteren Verlauf

Es setzt ein (und wiederholt später ausdrücklich): Wer den Christus liebe, »halte« seine »Gebote«. Statt »Gebote« können wir auch »Anweisungen« sagen, »Aufforderungen«, »inputs« sozusagen. »Halten« kann gemeint sein im Sinne von »Einhalten«, aber auch im Sinne von »Festhalten«, »Dranbleiben« oder »Durchhalten«, also im Sinne von Treue. Treue als Geistesgabe: Das ist ein erster, wichtiger Gedanke. Frieden ist möglich, weil Treue möglich ist. Wir Menschen können treu sein, einer Einsicht oder einem Wert, vor allem aber den Menschen, die wir lieben. Wir können den Aufträgen Jesu treu sein, etwa seinem Auftrag, für Kinder und Gefährdete einzutreten (besonders in Zeiten von »phone-based childhood«!). Wir können Christi Auftrag »Ihr sollt leben« treu sein, wenn wir, statt über Verpasstes zu klagen, uns der Frage stellen, »was das Leben von uns erwartet« (V. E. Frankl, vgl. auch dessen Satz bei »Kontexte«). Ob Treue natürlich oder unnatürlich sei, leicht oder schwer, mag man von Fall zu Fall verschieden sehen. Entscheidend ist, dass sie uns grundsätzlich möglich ist (auch geschiedenen Ehepartnern) und dass sie dem Frieden ein Fundament legt.

»Dafür bräuchten wir Geist«, sagt die Skepsis. »Dafür haben wir Geist«, sagt das Pfingstfest. Zur Treue kommt die Wahrhaftigkeit. Johannes nennt den Heiligen Geist »Geist der Wahrheit«. Er meint damit sicher nicht spezialisierte Fähigkeiten, abstrakt zu denken und komplizierte Zusammenhänge zu erfassen. Er meint etwas Elementares: Berührbar zu sein von der realen Gegenwart Gottes in unserer Welt überall. Der Geist der Wahrheit spürt verborgene Gegenwart Gottes, die nichts verklärt oder schönbiegt, aber dem Hass und der Gleichgültigkeit widerspricht. Wo sich das ereignet, nehmen die Chancen des Friedens zu.

»Dafür bräuchten wir Geist«, sagt die Skepsis. »Dafür haben wir Geist«, sagt das Pfingstfest. Immer wieder kreist der Text um das Motiv »Verbunden-Sein«. Johannes wagt dabei ungeschützte, körperliche Ausdrücke aus der Liebes-Lyrik: »Ich in euch – ihr in mir« u. ä. Eigenartigerweise ist diese Verbundenheit aber nicht abhängig vom Leiblichen, sondern sie ist ein Ereignis (ein Band) des Geistes. Entspricht sie der Verbundenheit, die heute unter dem Schlagwort »Vernetzung«

propagiert wird? Vielleicht gibt es Parallelen. Allerdings braucht digitale Vernetzung jede Menge Technik und Strom. Die Verbundenheit »in Christus« braucht das nicht. Sie baut Friedensbrücken, die deshalb auch keine Technik zerstören kann. »Dafür bräuchten wir Geist«, sagt die Skepsis. »Dafür haben wir Geist«, sagt das Pfingstfest. Schließlich die Liebe. Nicht umsonst hat sie in unserem Text das erste Wort: »Wenn ihr mich liebt ... / Wenn jemand mich liebt ... / Wer mich liebt ...« Alles hängt daran, in welchem Ton wir das hören, fordernd (oder sogar erpresserisch) oder als Zuspruch, liebevoll, ohne Bedingung. So und nur so scheint es mir angemessen. Mit »Wenn ihr mich liebt« spricht der Christus uns zu, menschliche Menschen zu werden. «Wenn ihr erst einmal erlebt, wie es ist, liebevoll zu leben, dann ...« Lassen Sie es uns so zu Herzen nehmen!

Möglicher Schluss

»Dazu bräuchten wir Geist«, wendet nun zum letzten Mal die Skepsis ein. »Dazu haben wir Geist, bekommen ihn immer neu, jede und jeder«, sagt das Pfingstfest, »hier und heute in einer Welt, die manchmal von allen guten Geistern verlassen scheint, wo Frieden gebrochen und Vertrauen missbraucht wird. In dieser Welt sucht und berührt uns Gottes Geist, der Geist der Wahrheit, richtet unsere Füße auf Friedenswege und verbietet uns, zu resignieren.«
Muss man das glauben? An Pfingsten gibt es kein Müssen. Denn »wo der Geist des Herrn ist, da ist Freiheit.«

Kontexte und Tipps zum Text

Sind die »entolai« Christi unsere Lebensaufgaben? Wer diese Frage bejaht, findet bei V. E. Frankl (»... trotzdem Ja zum Leben sagen«, 124 f.) Unterstützung: »Wir müssen lernen und die verzweifelten Menschen lehren, dass es eigentlich nie und nimmer darauf ankommt, was wir vom Leben noch zu erwarten haben, vielmehr lediglich darauf: was das Leben von uns erwartet! (...) Leben heißt letztlich nichts anderes als: Verantwortung tragen für die rechte Beantwortung der Lebensfragen, für die Erfüllung der Aufgaben, die jedem einzelnen das Leben stellt, für die Erfüllung der Forderung der Stunde.«
Falls zur persönlichen Einstimmung auf die Gottesdienstvorbereitung etwas Zeit ist: »If you love me« von Thomas Tallis hören! Falls etwas mehr Zeit ist: »Friedensfeier« von Hölderlin lesen!

Pfingstmontag
Mt 16,13–19

Stefan Holtmann

Erste Begegnung mit dem Text

Auf diese Steine können Sie bauen ... Ich vermute, dass die meisten Menschen beim Hören des Predigttextes eher an den Werbeslogan der Bausparkasse denken müssen als an die ökumenischen Fragen hinsichtlich des Petrusamtes. Aber, um im Bild zu bleiben, kann man überhaupt auf einen Menschen bauen? Ist das für Petrus nicht eine gnadenlose Überforderung – und für die Kirche eine hochgefährliche Angelegenheit? Petrus ist doch der, der am Ende zur tragischen Figur wird. Jetzt bekennt er sich noch zum Christus. Kurze Zeit später wird er leugnen, diesen Menschen überhaupt zu kennen. Also kurzum, denn wir feiern heute ja Kirchengeburtstag: Wie geht das eigentlich – eine Kirche bauen? Mit diesem Material!

Exegetische Skizze

Der Predigttext, der im ersten Teil (V. 13–16) eine anspruchsvolle christologische Reflexion in Dialog-Form enthält, markiert eine Schlüsselstelle im Matthäusevangelium. Die Ortsangabe in V. 13 macht deutlich, dass Jesus und seine Weggefährten im äußersten Norden Israels angekommen sind. Für die erzählte Ebene trägt dies auf den ersten Blick nichts aus, allerdings folgt unmittelbar auf das Petrusbekenntnis die erste Leidensankündigung (Mt 16,21–23). Von nun an richtet sich der Blick also wieder Richtung Süden, Richtung Jerusalem und Golgatha. Wir stehen an einem Wendepunkt der Jesusgeschichte.

Die theologische Klärung seiner Identität in V. 13–16 initiiert Jesus selbst durch die Frage, wie es um die öffentliche Meinung hinsichtlich seiner Person bestellt sei. Die Antwort der Jünger lässt sich dramaturgisch gedacht nur als eine Reihe von Zwischenrufen vorstellen: »Der Täufer!

Elia! Jeremia! Einer der Propheten!« Mehrere Antwortmöglichkeiten stehen als bunter Strauß im Raum. Allesamt sind es prophetische Vorgänger, die »die Leute«, denen die Zwölf als Chor ihre Stimme leihen, für möglich halten. Den Leser*innen freilich ist von vornherein bewusst, dass alle diese Möglichkeiten zu kurz greifen. Auf die Frage Jesu nach der Meinung der Jünger tritt dann Simon Petrus als »Sprecher der Zwölf« (J. Becker, Simon Petrus im Urchristentum, BThSt 105, 2009, 18) hervor: »Du bist der Christus, des lebendigen Gottes Sohn!« Der Evangelist erweitert hier seine Vorlage aus Mk 8,23 in der zweiten Satzhälfte auf eine bemerkenswerte Weise, indem er das Bekenntnis der Zwölf in Mt 14,33 (»Du bist wahrhaftig Gottes Sohn!«) in Erinnerung ruft, das auf den »Untergang« des zweifelnden Petrus folgt. Kurzum: Wenn Petrus jetzt hervortritt, dürfen die Leser*innen auch den Wortführer als begossenen Pudel vor Augen haben. Inhaltlich kommt gleichwohl zum Ausdruck, dass Jesus mehr als ein Prophet ist, der das Wort Gottes ausrichtet: Hier hat Gottes Wort vielmehr Hand und Fuß, ein Gesicht und eine Stimme.

Der zweite Teil V.17–19(20) enthält die Antwort Jesu an Simon Petrus, in der Rollenklarheit für den Wortführer geschaffen wird. Der Sohn des Jona, also menschlicher Abstammung, wird vom Sohn Gottes aufgrund seiner christologischen Erkenntnis selig genannt. Petrus ist es, der eigentlich zu den Propheten zählt. Denn der Sohn des Jona hat nicht Menschenworte gehört, sondern Gottes Offenbarung empfangen. Und dann folgt die Verheißung an Petrus. Christus kann mit ihm, dem Sprecher der Zwölf, der eigentlich ein Hörer Gottes ist, etwas anfangen. »Du bist Petrus« ist das Pendant zu »Du bist Christus«, nur dass der eine Baumaterial im Sinne des lebendigen Steins (1 Petrus 2,5), der andere Baumeister ist. Man beachte, wie gering der Spielraum des Subjekts Petrus bis zu diesem Punkt ist: Er hat gehört und ausgesprochen, was in der Luft lag, und wird nun als lebendiger Stein verbaut. Auch für die Hades-Resistenz des Bauwerks trägt nicht der Grundstein die Verantwortung, sondern der, der den Bauplan entworfen und das Gebäude Stein um Stein zusammengefügt hat. Kurzum: Subjekt ist Christus. Erst ganz zum Schluss erhält Petrus einen Auftrag, der weit hinein in die Geschichte der Christenheit weist: Die Schlüsselgewalt für das Himmelreich liegt in seiner Hand. Gemeint ist vor dem Hintergrund rabbinischer Zeugnisse (M. Konrad, Das Evangelium nach Matthäus, NTD 1, 2015, 263) ein Auslegungsamt (vgl. Mt 5,20 ff.), welches kaum ein eigenständiges und im Sinne einer Sukzession weiterzugebendes Leitungsamt meint, sondern eine Aufgabe, die Petrus als Symbolfigur und Sprecher der Zwölf anvertraut wird und die die Kontinuität zu den Ursprüngen, nämlich Lehre und Taten Jesu selbst, gewährleistet. Darum:»Die Nachfolger des Petrus sind alle Steine, die in dem Bau verwendet worden sind und weiterhin verwendet werden: alle Gläubigen aller Zeiten.« (F. Vouga/M. Stiewe, Das Fundament der Kirche im Dialog, 2003, 45) Und das Haus dieser Kirche ist groß und gastfreundlich. Gerade dafür steht die Gestalt des Petrus, der als Verbindungsglied die Anfänge im Zwölferkreis der Weggefährten Jesu und die universale und internationale Sendung der Kirche zusammenhält (Vouga/Stiewe, 46).

Ein Ausblick auf Mt 16,21–23 zeigt, wie das Bild des Petrus, der gerade noch einen verheißungsvollen Auftrag bekam, direkt wieder brüchig wird, als er Jesus, der sein Leiden ankündigt, beiseite nimmt und sich zum Berater des Baumeisters aufschwingt. Mit seiner Verweigerung dem Kreuz gegenüber wird er für Jesus ein»Ärgernis«. Er weiß zwar den Sohn Gottes korrekt zu bekennen, in seinem Credo ist allerdings für die tief- bzw. abgründige Menschlichkeit Gottes am Kreuz noch kein Platz. Und so meint er nicht,»was göttlich ist, sondern was menschlich ist« (V. 23).

Weg zur Predigt

Am zweiten Tag des Pfingstfestes steht die Vielzahl der Gaben und Ämter im Mittelpunkt. Der Predigttext dokumentiert mit seinen Bezügen zu den weiteren Facetten des Petrusbildes im Matthäusevangelium ein Ringen um die Beantwortung der Frage, wie diese Symbolgestalt mit ihren Licht- und Schattenseiten dennoch als Grundbaustein der Kirche dienen und somit eine tragende Rolle haben kann. Das biblische Gefälle ist eindeutig: Nur weil Christus etwas mit ihm anzufangen weiß, taugt der Petrus-Fels als Baumaterial. Und dieses »anfangen können« bedeutet, dass der Baumeister um die Ecken und Kanten weiß, die Belastungsgrenzen des Materials kennt und darum sorgfältig, Zug um Zug, an seiner Kirche baut. Ein Petrus wäre nichts, oder im Bild gesprochen: er würde alsbald zu Staub pulverisiert, wenn die Statik nicht durchdacht wäre. Ein Petrus ist auch»nur ein Mensch« und kein Erlöser, das wäre allen, die sich nach öffentlichkeitswirksamen Leitfiguren oder charismatischen Hauptamtlichen sehnen, entgegenzuhalten. Petrus ist zudem einer»unter vielen«, im wahrsten Sinne des Wortes:

Es braucht viele Steine, um eine Kirche zu bauen. Es wäre vor dem Hintergrund dieses Bildes aber auch noch einmal zu fragen, wer in der Kirche eigentlich die tragende Rolle im Bereich des Fundaments übernimmt und damit oft nicht im Vordergrund steht, besonders wenn er oder sie lautlos »funktioniert« und nicht durch Problemanzeigen auf sich aufmerksam macht. Wie sieht eigentlich die obligatorische Baubegehung im Hinblick auf diese lebendigen Steine aus und wer fühlt sich hierfür zuständig?

Die Kirche der Gegenwart ist fragmentarisch und in vielerlei Hinsicht brüchig. An Anschauungsmaterial dürfte vielerorts kein Mangel bestehen. Ich möchte vorschlagen, vor diesem Hintergrund das Petrus-Bild mit seinen verschiedenen Aspekten auszuleuchten – und damit ein wenig hinter die Fassaden des biblischen, auf den ersten Blick so strahlenden Bildes vom Sprecher unter den Jüngern zu blicken, und damit zugleich hinter die Kulissen der Kirche, die wir sind.

Predigtthema

Petrus als Baumaterial – über lebendige Steine, die Sache mit der Lastenverteilung und gute Pläne für ein himmlisch leichtes Bauwerk

Vorschläge zur Liturgie

Votum

Im Namen Gottes des Schöpfers,
der im Anfang die Welt ins Leben rief.
Im Namen des Sohnes Jesus Christus,
der uns zu Taten der Liebe und der Gerechtigkeit angestiftet hat.
Im Namen des Heiligen Geistes,
der auch mit uns etwas anzufangen weiß
und uns auf Wege des Lebens führt.
Amen.

Gebet zum Eingang

Gott, Heiliger Geist,
auf dich hoffen wir in den Sorgen und Nöten dieser Zeit.

Belebe deine Kirche und wecke sie aus der Müdigkeit.
Befreie sie zu mutigen Worten und Taten der Liebe.
Zeige uns den Ort, an dem unsere Gaben gebraucht werden,
und wecke geistreich in uns die Hoffnung auf deine neue Welt.
Dir sei Ehre in Ewigkeit.
Amen.

Lieder: EG 264 Die Kirche steht gegründet; EG 268 Strahlen brechen
viele aus einem Licht; EG 294 Nun saget Dank und lobt den Herrn (als
Psalmlied); Berliner Lieder 6 Lebendiger Stein

Vorschlag zur Predigt

Möglicher Anfang

Wenn Jesus die Jünger etwas fragte, dann war es meist Petrus, der für sie
antwortete. Irgendwie hatte es sich so ergeben. Wie genau, hätte er gar
nicht sagen können. Man sollte das später wohl einmal Gruppendynamik
nennen. Das bedeutet: Jede und jeder in einer Gruppe übt eine bestimmte
Rolle aus, die besetzt werden muss. Bedenkenträger gab es zum Beispiel.
Und andere, die immer vorne dabei waren, wenn es ums Anpacken ging.
Und Petrus war der Sprecher seiner Gruppe, die zwölf Jünger genannt.
Bei wichtigen Fragen warteten die anderen zunächst, bis er etwas sagte.
Und dann trauten sie sich auch, den Mund aufzumachen.
Und um eine wichtige Frage war es auch heute gegangen. Jesus hatte
zunächst gefragt, für wen die Leute ihn hielten? Das war noch leicht
zu beantworten, und sie hatten munter durcheinandergerufen, was sie
schon alles gehört hatten: »Ein Prophet! Einer, der um Gottes Willen
etwas zu sagen hat! Elia! Oder Jeremia! Johannes der Täufer!« »Und ihr«,
hatte er dann gefragt, »was meint ihr, wer ich bin?« Bei solchen Fragen
musste man bei Jesus immer mindestens zweimal nachdenken. Manchmal musste man sogar besser um die Ecke denken. Er hatte nämlich
seine ganz eigenen Ansichten. Aber diesmal, da waren sich alle einig,
stand die Antwort fest. Und es war, wie so oft, Petrus, der es dann als
erster aussprach: »Du bist der Christus, des lebendigen Gottes Sohn!«
Und er meinte damit: Du bist mehr als ein Prophet. Du bist der, den die
Propheten angekündigt haben, und in dem alles, was Gott uns zu sagen
hat, Hand und Fuß hat. Mir dir ist eine neue Zeit angebrochen.

Und Jesus fand offenbar, dass sie das richtig erkannt hatten. Jedenfalls lobte er Petrus in den höchsten Tönen. Das komme ihm so vor, als hätte Petrus Gott selbst gehört, sagte er. Und dann fügte er noch etwas hinzu, was er so bisher noch nie über einen seiner Jünger gesagt hatte: Petrus sei für ihn das, was in seinem griechischen Namen schon mitklang: nämlich *Petra*, ein Fels. Und auf diesen Felsen wolle er seine Gemeinde bauen. Und die werde so stark sein, dass nicht einmal die Hölle sie überwinden könne.

Zum weiteren Verlauf

Tja, und nun müssten wir uns einmal in Petrus hineinversetzen. Was hat er sich wohl gedacht, als er das hörte: Ein Fels, auf den man bauen kann? Irgendwie war das ein bemerkenswertes Bild, denn nur wenige Tage vorher war er bei dem Versuch, es Jesus gleich zu tun, als der über das Wasser wandelte, gnadenlos untergangen und hatte am Ende wie ein begossener Pudel patschnass am Ufer gestanden. Und Jesus hatte ihn einen Zweifler genannt. Sah so ein Fels aus, auf dem man bauen kann? Vielleicht hatte Petrus es sich deshalb vorgenommen, nach vorn zu blicken und die neue Rolle anzunehmen, also noch mehr Verantwortung zu übernehmen, wo Jesus doch auf ihn baute. Ach, hätte er gewusst, dass er nur wenige Zeilen weiter erneut ziemlich hart von Jesus angegangen werden würde. Und das nur, weil er es gewagt hatte, seinem Herrn die Sache mit dem zukünftigen Leiden, von dem der plötzlich gesprochen hatte, wieder auszureden. »Geh weg von mir, Satan!« – hatte Jesus gesagt.

Je näher wir uns mit Petrus beschäftigen, liebe Gemeinde, desto klarer werden wir sehen, dass das Bau-Bild mit ihm als Fels und Grundstein ein ziemlich brüchiges zu sein scheint. Petrus ist der, der auf dem Wasser zweifelt und untergeht. Er gehört zu denen, die im Garten Gethsemane einschlafen, obwohl Jesus sie eindringlich gebeten hatte, mit ihm zu wachen. Und obwohl er der Einzige war, der den Mut aufgebrachte, Jesus nach der Gefangennahme noch zu folgen, war er es, der am Ende weinend im Dunkel saß, weil ihn der Mut verlassen hatte, und er dreimal, so wie es Jesus vorhergesehen hatte, bestritten hatte, ihn überhaupt zu kennen. Und dabei hatte er so vehement darauf beharrt, dass ihm so etwas niemals geschehen würde. Und hier wäre auf den Ist-Zustand der Kirche zu sprechen zu kommen. Brüchig ist das Baumaterial, sind die lebendigen Steine offenbar von Beginn an.

Möglicher Schluss

Dennoch, liebe Gemeinde, wollte und konnte Jesus mit Petrus offenbar etwas anfangen. Dieser lebendige Stein mit seinen Ecken und Kanten taugte zwar nicht als Rohmaterial für eine Heldenstatue, aber im Verbund mit vielen anderen Steinen dennoch als Material für ein großes und gastfreundliches Menschenhaus. Weil sie sich zusammenfügen ließen. Es brauchte nur einen guten Plan, eine umsichtige Statik und Erfahrung im Umgang mit diesem eigenwilligen Material. Die unbehauenen Felsen konnten sich dann mit ihren Ecken und Kanten gegenseitig Halt geben. Wenn die Lasten richtig verteilt waren, trug das Fundament über Jahrhunderte hinweg und konnte jedem Wetter standhalten. Und es war so ein großartiges Bild, wie sich alles zusammenfügte: Jeder Stein, jeder Balken einmalig, eigenwillig und unersetzlich – und Teil eines viel größeren Gesamtkunstwerks.

Bauen muss keine trübe Angelegenheit sein. Das Gegenteil ist der Fall. Über allem, was Petrus gedacht haben mag, wo er sich zu viel zugemutet oder zu wenig zugetraut hat, steht die Freude Christi am Bauen einer Kirche. Gespür für die Details seiner lebendigen Steine bringt er mit. Und Kreativität ist seine ureigenste Sache. Und in allem, was uns in Sachen Bau bewegt und beschäftigt, ist er noch immer am Werk. Damit sollten wir rechnen, gerade weil wir um unsere Baustellen wissen. Achtsamkeit im Umgang mit den lebendigen Steinen wäre allerdings auch uns zu empfehlen. Und ein umsichtiger Umgang mit der Statik, damit niemand an Lasten zerbricht. Und die Bereitschaft in größeren Zusammenhängen der Zeit zu denken: Wir werden vermutlich nicht fertig. Das müssen wir aushalten. Was wir bereits übernommen haben, werden andere weiterbauen. Vermutlich auch grundlegend umbauen. Vielleicht bescheidener. Doch der Gastfreundschaft und der Offenheit für die, die ihren Ort noch suchen, muss das keinen Abbruch tun. Es kann und es wird auch in einem kleineren Haus ein guter und befreiender Geist wirksam sein.

Und schon Petrus, der Sprecher, der um keine Antwort verlegen war, überließ schließlich einem Anderen das letzte Wort. Und der konnte etwas mit ihm anfangen. Er möge auch mit uns seine Kirche bauen.

Gestaltungsidee

Der Predigttext ruft geradezu danach, »performed« zu werden: Als Hörspiel mit verschiedenen Rollen, oder aber auch in Gestalt von lebendigen Standbildern? Und vielleicht lassen sich weitere Petrusszenen (z. B. im Wasser – Mt 14,30; im Schlaf – Mt 26,40; als mutiger letzter Weggefährte – Mt 26,58; draußen vor der Tür – Mt 26,75) danebenstellen?

Kontexte und Tipps zum Text

Ich erwarte von Pfarrern und Pfarrerinnen nicht, dass sie die unbenagten Glaubensfelsen ihrer Gemeinde sind. Auch sie haben ihre Zweifel, sofern sie den Mut haben, sich ihnen zu stellen.

Fulbert Steffensky, Fragmente der Hoffnung, 2019, 35

Jemandem sein glück glauben

Jemandem sein glück glauben
ist schwerer als
jemandem die trauer abnehmen

Wir schwimmen im see
die bergkette spiegelt sich
plötzlich schnellst du dich vorwärts
ich sehe nur tropfenfäden
du hast dich in sonne und wasser und bewegung aufgelöst
vor begeisterung verschlucke ich mich
und versuche nachzukommen

Über das glück miteinander sprechen
ist noch schwerer
weil wir einander kaum trauen können
es kommt mir vor
wie die sache mit den heiligenscheinen
wer weiß wie sie zustande kommen
wieso leute so etwas gesehen haben müssen
welche freude dazu geführt haben muß
jemanden leuchten zu sehen

Dorothee Sölle

Aus: Dorothee Sölle, Fliegen lernen, Gedichte. Berlin 1979, S. 25, © Wolfgang Fietkau Verlag, Michendorf

Trinitatis
2 Kor 13,11–13

Doris Agne

Erste Begegnung mit dem Text

Vers 13 ist bekannt als liturgisches Stück, als Kanzelgruß und deshalb auch vielen Gottesdienstbesuchenden im Ohr. Die drei Verse bilden den Briefschluss, der mit Ermahnungen beginnt, um dann in der Trias von Gnade, Liebe und Gemeinschaft zu enden. Im gottesdienstlichen Kontext stellen sie die direkte Hinwendung der Predigtperson an die versammelte Gemeinde dar und damit Beziehung her zu den Zuhörenden. In ihnen drückt sich Zuwendung, Wohlwollen und Fülle des göttlichen Zuspruchs aus.

Exegetische Skizze

Unsere Verse bilden den Abschluss des sogenannten »Tränenbriefs«. Nach Klaus Berger handelt es sich dabei um einen typischen Schlussabschnitt antiker Briefliteratur, und doch überrascht dieser Schluss: Denn nach einer ziemlich dramatischen und polemisch geführten Konfliktgeschichte des Paulus mit der Gemeinde in Korinth endet dieser Brief in einem versöhnlichen Dreiklang: Gnade, Liebe und Teilhabe sollen allen Brüdern und Schwestern zuteil werden.

Vielleicht liegt in dieser Versöhnlichkeit, in diesem wohlwollenden Abschluss des Briefes mit ein Grund, dass dieser Text zum wichtigsten Stück trinitarischer Theologie im Urchristentum avanciert ist, denn die Fülle göttlichen Segens zeigt sich laut Berger am angemessensten in der Dreiheit der göttlichen Personen.

Die damit verbundene Problematik, die Unsicherheit und das Unverständnis gegenüber einem trinitarischen Gottesverständnis gipfeln nicht allein in dem Vorwurf des jüdischen und muslimischen Glaubens, die Christenheit würde drei Götter anbeten, sie durchziehen auch eine lange Tradition der Auseinandersetzung in der Theologie- und Dogmengeschichte. Trinitatis als sogenanntes »Ideenfest«, das erst im 14. Jahrhundert eingeführt wurde, kann außerdem auf kein dezidiertes biblisches Narrativ zurückgreifen, das seinen Inhalt anschaulich und greifbar machen würde. Die trinitarische Vorstellung Gottes versucht vielmehr einem komplexen »Beziehungs- und Mitteilungsgeschehen« gerecht zu werden. Sie will begreifbar machen, was schwer zu greifen ist, nämlich das Geheimnis Gottes selbst. Damit steht die Predigerin oder der Prediger vor der Aufgabe, den einen Gott, der sich auf vielfältige Weise zu erfahren gibt, als »beziehungsreiche Wirklichkeit« im Leben der Gläubigen aufscheinen zu lassen. Denn zum einen ist Gott Ursprung und Schöpfer allen Lebens, zugleich aber Mensch geworden in Jesus Christus und schließlich immerwährend zugegen im Heiligen Geist. Wenn man so will, könnte man sagen, dass das Geheimnis Gottes in seiner Beziehungshaftigkeit liegt. Darin, dass dieser eine Gott immer wieder dem Menschen auf besondere Weise begegnet, mit ihm in Beziehung tritt und sich mitteilt. Ralf Stolina (GPD 3/2019,322) fasst dies in einem Satz zusammen: »Was den Menschen betrifft, hat eine Resonanz in Gott selbst, es verhallt nicht einfach«. Diese Resonanz wird konkret in dem Menschen- und Gottessohn Jesus Christus, der sich – als Ausdruck der Liebe Gottes – den Menschen zuwendet und mit ihnen geht hinein in Schmerzen, Leid und Tod. Und sie findet sich wieder in dem Geistgeschehen, das Menschen zueinander und zu Gott führt, sie Gemeinschaft erfahren lässt und Beziehung stiftet.

Weg zur Predigt

Zwei Gedanken leiten mich zur Predigt: Die Trinität ist eine geheimnisvolle Angelegenheit. Sie versucht, etwas greifbar zu machen, was letztlich nicht greifbar ist: Gottes Geheimnis. Gott offenbart sich auf verschiedene Weisen, kommt uns auf unterschiedlichsten Wegen nahe und bleibt doch verborgen und unverfügbar.

Der zweite Gedanke ist folgender: »Was den Menschen betrifft, hat eine Resonanz in Gott selbst«. Mein Leben, mein Dasein als Mensch ist nicht einem kalten und gleichgültigen, gar feindlichen Universum entsprungen, sondern einer Antwortbeziehung, wie sie in Jesaja 43,1 formuliert ist: »Ich habe dich bei deinem Namen gerufen; du bist mein«. Ich bin gemeint. Mein Name wird gerufen. Ich werde gerufen und gehört, auch wenn der, der hört, nicht hier und jetzt verfügbar ist.

So zeigt sich der eine Gott in unterschiedlichen Beziehungsweisen; aber sie alle drei zusammengenommen bilden sowohl eine Antwortbeziehung zueinander, wie auch zu unserer Welt und zu uns Menschen. Beide Gedanken sollen in der Predigt zusammenkommen: Gottes beziehungsreiche Wirklichkeit, die sich einerseits geheimnisvoll zwischen Gott und Mensch vollzieht, und Gott als das trinitarische Beziehungsgeschehen, durch das er in jeweils besonderer Weise mit den Menschen und der Welt interagiert: als Schöpfer, der die Welt geschaffen hat, seine Geschöpfe begleitet und ihnen seine Liebe erweist; der Mensch geworden ist, um Menschen aus Verderben und Gottlosigkeit zu retten und der letztlich mit seiner Geisteskraft Menschen zum Glauben und in eine Gemeinschaft führt.

Die Predigt besteht wesentlich aus drei einzelnen Moves, die sich auf die Gnade Jesu Christi, die Liebe Gottes und die Gemeinschaft des Heiligen Geistes aus Vers 13 beziehen; gerahmt werden sie durch den Bezug zur Kunst Christos, der davon überzeugt ist, dass sich das Wesentliche erst im Verhüllten offenbart.

Predigtthema

Das Geheimnis des trinitarischen Gottes offenbart sich in der Beziehungshaftigkeit des Vaters und des Sohnes und des Heiligen Geistes untereinander und zu uns Menschen.

Vorschläge zur Liturgie

Psalm: Der Wochenpsalm ist Psalm 113.

Lesung: Joh 3,1–8: Das Bild vom »Wind, der bläst, wo er will« nimmt das Geheimnisvolle und Unverfügbare göttlicher Gegenwart und Beziehungshaftigkeit auf.

Lieder: EG 139 Gelobet sei der Herr; EG 140 Brunn alles Heils; EG 321 Nun danket alle Gott; EG 331,1–3.5 Großer Gott, wir loben dich; Neue Lieder plus 142 Gnädiger Gott, lass dein Angesicht leuchten

Eingangsgebet

Gott,
du hast Himmel und Erde erschaffen,
sie sind Abglanz deiner Herrlichkeit
und die Welt, von der wir leben.

In Jesus Christus bist du geworden wie wir,
teilst Leiden und Sterben mit uns
und lässt uns deine Nähe und Liebe erfahren.

Dein Geist wohnt in uns, lässt uns atmen und tanzen,
verbindet uns, mit dir und untereinander,
schenkt Gemeinschaft und Beziehung und hält uns lebendig.
Dir sei Ehre in Ewigkeit. Amen.

Fürbitten

Gott, du Geheimnis unseres Lebens,
als unser Vater, als Schöpfer,
als Anfang und Ende begegnest du uns.
Wir legen dir deine Erde zu Füßen:
alle Pflanzen und Tiere, alle Menschen.
Luft, Erde und Wasser,
damit dein Wille auf Erden geschehe.
Wir bitten dich um Weisheit,
damit wir das Leben schützen, das du erschaffen hast:
Gott, unser Schöpfer, wir rufen zu dir: Erbarme dich!

Gott, der du Mensch geworden bist unter Menschen,
als unser Bruder begegnest du uns, als Retter und Versöhner.
Du kennst uns bis ins tiefste Innere,
unsere Fragen, unsere Ängste, unsere Schuld und alles,
was uns umtreibt und beunruhigt, sind dir nicht verborgen.
Wir beten für alle,
die deine Gegenwart brauchen, deine Liebe,

um wieder ein Ziel vor Augen zu haben.
Jesus Christus, wir rufen zu dir: Erbarme dich!

Gott, du heilige Geistkraft,
der du unser Leben durchdringst,
uns zueinander in Beziehung setzt und
uns die Liebe in Herz und Seele gießt.
Wir wollen deinem Wehen folgen und
die Türen unseres Daseins öffnen,
damit wir deinen verändernden Atem spüren,
deine Kraft, die Leben schafft und erhält.
Heilige Geistkraft, wir rufen zu dir: Erbarme dich!

Gott, du himmlische dreieinige Wirklichkeit,
schenke uns Gemeinschaft mit dir und untereinander
und segne uns mit deinem Geist.
Amen.

Vorschlag zur Predigt

Möglicher Anfang

Liebe Gemeinde,
»Verhülltes sieht man besser.«
Das war das Credo von Christo und Jeanne-Claude. Das Künstlerehepaar
wurde bekannt durch seine spektakulären Verhüllungen berühmter
Bauwerke. Vor 30 Jahren haben sie das Reichstagsgebäude in Berlin in
silberfarbenen Stoff gepackt und Millionen Menschen damit begeistert.

»Verhülltes sieht man besser.« Nicht das Transparente, nicht das, was
offensichtlich und offen vor Augen liegt, sondern das Verhüllte, Verborgene weckt unsere Aufmerksamkeit. Der Künstler Christo und
seine Frau Jeanne haben diese Erkenntnis genutzt, um Menschen zum
genauen Hinsehen zu bewegen. Ihre Verhüllungs-Kunstwerke laden
ein, neu zu schauen und scheinbar Bekanntes anders wahrzunehmen. Die Kontur, die sich aus dem Verdeckten heraushebt, beflügelt
die Phantasie. Sie meißelt aus dem unkenntlich Gemachten ein neues
Profil heraus. Bekanntes nimmt eine neue Gestalt an, Wohlvertrautes

bekommt ein anderes Gesicht. Im so Verborgenen offenbart sich Ungeahntes und zerbricht erstarrte Sichtweisen.

Dass solches Verhüllen notwendig ist, um zu offenbaren, ist aber keine Erfindung von Künstlern. Der Gott der Bibel hat sich schon immer verhüllt, um sich neu kenntlich zu machen. Eingehüllt in das Geheimnis der Trinität will sich der eine Gott uns nahbar machen, seine Kontur herausmeißeln, uns neu sehen lassen. So begegnet er in der Bibel immer neu, in anderer Gestalt, mal als Feuer oder als Wolkensäule, als Stimme oder als Engel, er kämpft in menschenähnlicher Gestalt mit Jakob, und schließlich wird er Mensch in dem Sohn von Maria. Eine fast verwirrende Vielfalt, die das Geheimnis um Gott nur noch größer zu machen scheint.

Zum weiteren Verlauf

Was also sehen wir, welche Kontur bekommt Gott, wenn von der Liebe Gottes, der Gnade Jesu Christi und der Gemeinschaft des Heiligen Geistes die Rede ist?

Was spricht der Apostel Paulus seinen Leuten in der Gemeinde von Korinth zu?

Ich will es an drei Beispielen verdeutlichen:

1. Die Liebe Gottes:

Dem alten Israel erschien Gott als Stimme im brennenden Dornbusch. Der aus Ägypten geflüchtete Mose zieht umher mit der Schafherde seines Schwiegervaters. Da erregt etwas Geheimnisvolles seine Aufmerksamkeit: Er sieht einen brennenden Dornbusch, der nicht verbrennt. Und er erfährt: Hier ist heiliges Land, Boden, auf dem Anrührendes passiert, etwas, das ihn nicht loslässt: Ein göttlicher Ruf, nach Ägypten zurückzukehren und sein geknechtetes Volk aus der Sklaverei zu führen.

Feuer und eine Stimme. Mose spürt: Sie brennen in ihm, die stummen Schreie der Verzweifelten, der Geknechteten, und sie finden in Gott Resonanz und werden zur Stimme, zum Ruf, der in ihm, Mose, widerhallt und ihn aufhorchen, aufschauen lässt, und die zu ihm spricht: »So darf das nicht bleiben, dass sein Volk so leidet, dass er etwas tun muss, zurückgehen zum Pharao, in die Höhle des Löwen, und seine Leute da rausholen!« Die grundlose Güte Gottes, die unabwendbare Liebe zu seinen Menschen kann nicht anders, als die stummen Schreie des Gequälten zu hören und in seinen Augen die Stimme der Angst zu lesen. Hier könnte ein Beispiel von grundloser Güte aus unserer Gegenwart einfließen von Menschen, die nicht auf sich selbst schauen, sondern die Not sehen und handeln und der Liebe Gottes in der Welt ein Gesicht geben.

2. Im Neuen Testament verhüllte Gott sich erneut, um sich zu offenbaren. Er kam in Gestalt eines Menschen, damit etwas Wesentliches von seinem Gottsein für uns Menschen sichtbar würde: seine Gnade, seine Barmherzigkeit, seine Hingabe an und seine Zuwendung zu uns Menschen. Exemplarisch steht hier das Gleichnis von den verlorenen Söhnen (Lk 15,11–32). Sie dürfte den meisten Gottesdienstbesuchenden bekannt sein und könnte in skizzierenden Umrissen erzählt werden. Dabei geht der Fokus dahin, dass sich Gottes Gnade in den offenen Armen des Vaters zeigt, der am Ende den heimgekehrten Sohn aufnimmt mit all seinem Scheitern, seiner Reue und dem Umweg, den sein Leben nehmen muss, um wieder nach Hause zu kommen. Und der daheimgebliebene Sohn, der sich ebenfalls vom Vater entfernte, bleibt nicht ausgenommen. Am Ende sind beide eingeladen zum Fest des Lebens.

Beispiele heutiger Menschen, die verloren waren und wieder heimfanden, ließen sich hiermit gut verknüpfen.

3. Die Gemeinschaft des Heiligen Geistes
Die Unverfügbarkeit des Heiligen Geistes, der Gemeinschaft schenkt, wo sie nicht erwartet wird, illustriert eine kurze Erzählung von der Begegnung jugendlicher Schüler mit einem älteren Herrn.

Es waren keine einfachen Jugendlichen. Sie brachten unterschiedliche Gewalterfahrungen mit, waren zum Teil echte Stinkstiefel. Die Jugendlichen, die zu dem älteren Herrn zur Nachhilfe kamen, setzten sich nicht mit dankbarer Ergebenheit in sein Studierzimmer, nur weil der sich um sie kümmerte – im Gegenteil:
Sie machten ihm oft das Leben schwer, wenn sie kamen, um Englischvokabeln zu pauken oder Rechnen im Dreisatz zu üben. Welten prallten aufeinander. Sie verstanden einander nicht, redeten aneinander vorbei. Es gab viel Streit, Missverständnisse und Frust – auf beiden Seiten.

Aber dann und wann gab es so etwas wie geistvolle Augenblicke – voller Lebensfreude, wenn Gelächter das Zimmer erfüllte oder einer der Jungs den neuesten Rap mitgebracht hatte. Geduldig wurde dem alten Herrn dann erklärt, worum es in der Musik ging. Und der bemühte sich redlich, sich auf Matze und Dennis und Axel und Saskia und all die anderen wirklich einzulassen. Doch dann konnte es sein, dass der Funke übersprang, dass ein Feuer der Begeisterung durchs Zimmer ging und Gemeinschaft und gegenseitiges Verstehen wuchsen und sich breit machten.

Die Gemeinschaft des Heiligen Geistes – so scheint es – kommt nicht einfach so. Oft braucht es einen langen Atem. Kostet Anstrengung und sich aufeinander einlassen. Aber wenn sich dieser Geist dann einstellt, wenn die Kraft des Geistes sich auswirkt, dann schafft sie Vertrauen und Nähe, stiftet Beziehung, wo Unverständnis und Ablehnung herrschten, und verändert so Menschen und Welten.

Möglicher Schluss

Die Gnade Jesu Christi, die Liebe Gottes und die Gemeinschaft des Heiligen Geistes – sie sind Gottes Antwort auf das, was uns Menschen umtreibt. All das findet seine Resonanz in diesem einen Gott, den nichts kalt lässt, was uns Menschen angeht. Der sich auf die vielfältigste Weise hineinziehen lässt in unser Leben, in unsere Abgründe genauso wie in unsere Freuden und Begeisterungen – und dadurch unserem Leben Resonanz gibt, einen Widerhall, ein Echo. Es verhallt nicht einfach. Es bricht sich an den Konturen Gottes in neue Erfahrung, schenkt veränderte Sichtweisen und verwandelt uns selber.

Der Verpackungskünstler Christo sagte über seine Kunst, sie sei »völlig irrational und sinnlos« gewesen. Er meinte damit, dass sie nicht einem bestimmten Zweck diente und keine rationale Absicht verfolgte. Sie war einfach für eine gewisse Zeit da. Aber könnte es nicht sein, dass uns gerade da Sinn entgegenschlägt, wo wir nichts zu durchdringen vermögen mit unseren gewohnten Sichtweisen, wo uns der letzte Zugriff verborgen bleibt und wir dem Geheimnis Gottes Raum geben? Denen, die zu Hunderttausenden zu seinen Kunstwerken pilgerten, geriet die Begegnung mit dem Verhüllten zu einem Fest der Sinne und zu einer verheißungsvollen Erkenntnis: Im Schatten des Verborgenen lässt sich gut leben.

Im Schatten des dreieinigen Gottes, in seinem Beziehungsgeflecht ist unser Leben aufgehoben und geborgen.

Kontexte und Tipps zum Text

Ganz wunderbar passt dazu das Gedicht von »Es gibt dich« von Hilde Domin, Gesammelte Gedichte, Frankfurt am Main 1987, 2008. (https://www.deutschelyrik.de/es-gibt-dich.html zuletzt abgerufen am 15.12.2024)

1. Sonntag nach Trinitatis
Joh 5,39–47

Lutz Gräber

Erste Begegnung mit dem Text

»Jesus, so kenne ich dich gar nicht!« Ich bin erschrocken, als ich den Text zum ersten Mal lese. Wie hart und kompromisslos sich Jesus hier nicht nur von seinen jüdischen Gesprächspartner:innen, sondern vom Judentum insgesamt abgrenzt. Die »richtige« Auslegung der wichtigsten Glaubensquelle des Judentums beansprucht Jesus allein für sich, und er bezieht sie auf sich. Objektive Belege und Beweise für diese Ansicht: Erst einmal Fehlanzeige. Ich bin selbst in einem Umfeld christlich sozialisiert worden, in dem immer wieder die Frage der Entscheidung laut wurde: »Stehst du auf der Seite wahren Glaubens, oder bist du noch gar kein wirklicher Christ?« Grundlage für dieses kategorische »Entweder-Oder«: die vermeintlich objektive Interpretation der Schrift. An der Auseinandersetzung mit Christ:innen, die mich in meinem Christsein beurteilen und besser kennen wollen als ich mich selbst, habe ich viel unproduktive Energie gelassen.

Verstärkt wird diese Tendenz, weil Jesus sich mit seiner Argumentation explizit gegen die jüdischen Glaubensgeschwister wendet. Wie können wir heute, in einer Zeit des wachsenden Antisemitismus und des gewaltigen Konfliktherdes im Nahen Osten über diesen Text predigen? Andererseits muss ich gestehen, dass mich die Klarheit und Eindeutigkeit Jesu nicht unberührt lässt. Gibt es mit diesem Text einen Weg, gegen religiöse Indifferenz die Kraft des christlichen Glaubens deutlich zu machen, ohne zu verletzen und auszugrenzen?

Exegetische Skizze

Die ersten Kapitel des Joh beschreiben am Wirken Jesu die Positionierung der jungen nachösterlichen Gemeinde im Umfeld der gesellschaftlichen und religiösen Akteur:innen ihrer Zeit. Die Darstellung des Wirkens Jesu im Joh erfährt sie in dieser Situation als stärkend und identitätsstiftend. Dazu gehört, dass der Anspruch Jesu gerichtsfest legitimiert wird. Latent sitzt Jesus eigentlich dauerhaft auf der Anklagebank.»Warum heilst du am Sabbat?«,»Du lästerst Gott!« lauten nur einige der Vorwürfe. In Joh 5 können wir uns direkt eine Gerichtsszene vorstellen. (vgl. auch 7,14 ff.; 8,13 ff.) Welche Zeug:innen können für den Anspruch Jesu aufgeboten werden? Die Verse 31–38 leiten die Antwort ein: Jesus kann nicht selbst für sich Zeugnis ablegen. Er würde im Verdacht stehen, eigene Interessen zu verfolgen. Johannes der Täufer kann es auch nicht sein, weil Menschen, so glaubwürdig ihr Zeugnis auch sein mag, das Handeln Gottes nicht legitimieren können, dürfen und müssen (vgl. Wengst, 178). Die Begründung, die Jesus liefert: Seine Taten sind »vom Vater« gegeben, damit Jesus sie vollbringt. Deshalb gilt:»Wer den Sohn nicht ehrt, ehrt den Vater nicht« (5,23). Das ganze Wirken Jesu also ist durchdrungen von der Gegenwart Gottes. Ob Gott nun aber in ihm präsent ist, kann nicht objektiv demonstriert werden. Der Beweis liegt in der Selbstevidenz der Ausstrahlung, die Jesus bewirkt – indem durch sie Gemeinde entsteht und lebt.

Auf dieser Grundlage wendet Jesus sich nun ab V. 39 der Schrift zu. Denn wenn Gott selbst als Zeuge angeführt wird, muss es auch um die Schrift gehen, die sein Reden und Handeln bezeugt. Die Lektüre der Schrift führt die Gesprächspartner:innen, so der Vorwurf Jesu, nicht zu ihm. Dies zu erkennen, setzt aber offensichtlich schon die Anerkenntnis voraus, dass Gott in Jesus wirkt. Die Schrift ist also nicht als neutrale Instanz befragbar.

Auf der Basis dieser Argumentation ist die christliche Theologie schon bald einen Weg gegangen, die Schrift nur noch in Bezug auf die Gottessohnschaft Jesu auszulegen. Aus dieser Vereinseitigung haben sich die verhängnisvollen antijüdischen Tendenzen von Verstockung und Schuld am Kreuzestod Jesu ergeben, die in sich einen Kern des Antisemitismus tragen.

Ich will diese Verse behutsamer auslegen: 1. Wenn Jesus darauf hinweist, dass das Wort Gottes »nicht bleibend« (V. 38) unter den Angeredeten ist, dann zeigt Johannes, dass die Heilsgeschichte Israels stets das Kriterium ist, anhand dessen die Bedeutung Jesu deutlich wird. 2. Jesus spricht davon, dass Menschen nicht zu ihm kommen, um »Leben zu haben« (V. 40). Gleichzeitig halte ich es für wichtig, darauf hinzuweisen, wie tief die Erfahrung des Judentums ist, in der Tora Leben zu haben und danach mit großer Ernsthaftigkeit zu »suchen« (V. 39). Hier scheint auch der Respekt Jesu vor dieser ernsthaften Suche durch. 3. Die Feststellung, »keine Liebe zu Gott« (V. 42) zu haben, gehört in die konkrete Situation, dass Jesus hier Menschen anspricht, die ihm nach dem Leben trachten. Sie ist nicht auf »die Juden« übertragbar. Ich lese sie auf dem Hintergrund von 1 Joh 4,20. Wer sagt: »Ich liebe Gott, aber seine Geschwister hasst, lügt.« Dies entspricht auch den Grundsätzen des Judentums. Ähnlich urteile ich über den Aspekt der »Ehre« (V. 44). Joh 12,42 f. beschreibt eine konkrete Gruppe, die »die Ehre der Menschen mehr liebt als die Ehre Gottes«, und sich deshalb nicht offen zu Jesus bekennt. Gleichwohl wird dann (V. 45 f.) Mose von Jesus nicht nur als Zeuge, sondern geradezu als Anwalt der Anklage aufgerufen. Somit lässt sich die Frage, ob die Schrift *nur* als Zeugnis Jesu zu lesen ist, nicht eindeutig beantworten. Eine solche Engführung ist aber auch nicht zwingend erforderlich (s. o.).

Weg zur Predigt

Das Bekenntnis zu Jesus Christus nicht nur in unseren Kirchen und Gemeinden und ganz persönlich deutlich werden zu lassen, sondern auch in der Öffentlichkeit, ist eine entscheidende Aufgabe von uns als Christ:innen und vor allem als christliche Kirche. Wie kann dies glaubwürdig gelingen? Der Predigttext führt hinein in die Spannung zwischen klarem und eindeutigem Bekennen und den Gefahren von Intoleranz und Abgrenzung gegenüber Andersgläubigen.
Diese Spannung ist m. E. kaum auflösbar. Dies ist kein Dilemma, sondern eine bleibende, auch anstrengende, aber durchaus fruchtbare Herausforderung und Aufgabe.
Mein Anliegen ist es, im Dickicht der Spannungen zu einer eigenen Positionierung einzuladen. Wo sollte ich aus meinem Glauben heraus klar Position beziehen? Und an welcher Stelle ist Toleranz, Respekt und Sensibilität wichtig, ohne dadurch unverbindlich zu werden? Diese Aufgabe bleibt m. E. immer eine Gratwanderung und ein Wagnis, weil sie aus der Position des Glaubens an Jesus Christus erfolgt, dem nicht alle folgen können. Ich wage es, davon zu sprechen, dass Jesus sich, auch unerkannt, überall dort zeigen kann, wo Liebe in vielfältiger Weise

geübt wird. Dies entspricht dem Anliegen des Predigttextes, deutlich zu machen, dass das gesamte Wirken Jesu bis zum Tod am Kreuz Gottes Gegenwart manifestiert, die damit auch für andere (z. B. im interreligiösen Dialog) anschaulich werden kann.

Predigtthema

Jesus fordert heraus zu einem Leben und Glauben in der Spannung zwischen Toleranz (Respekt) und Eindeutigkeit.

Vorschläge zur Liturgie

Psalm: Psalm 34 entfaltet sehr eindrücklich und ganzheitlich das Anliegen Jesu in Joh 5, Gott als Lebensmittelpunkt zu erfahren. Er kann gut mit mehreren Sprecher:innen vorgetragen werden.

Eingangsgebet
Liebender Gott,
jeden Tag dürfen wir deine Freundlichkeit und Fürsorge erfahren.
Stärke unser Vertrauen in deine Gegenwart,
damit wir unseren Glauben leben mit allen Sinnen,
getragen von deiner Liebe,
die uns in Jesus Christus begegnet.
Dir sei Ehre in Ewigkeit.
Amen.

Lesungen: Als Lesung aus dem AT Dtn 6,4–9, um die lebenslange ganzheitliche Suche zur Umsetzung des Willens Gottes durch die jüdischen Glaubensgeschwister deutlich zu machen. Auf die Epistel und die Lesung des Evangeliums aus Lukas 16 würde ich verzichten. Der Predigttext sollte im Raum der Lesungen seine Wirkung entfalten können (ggf. durch eine kurze Stille nach der Lesung).

Glaubensbekenntnis: Nach der Predigt: »Ein nachapostolisches Bekenntnis« von Kurt Marti, sonst das Nicänum oder ein gesungenes Bekenntnis (freiTöne 137).

Lieder: EG 410 Christus, das Licht der Welt; freiTöne 193: Lass uns deine Nähe spür'n; EG.E 26 Mit dir, o Herr, die Grenzen überschreiten; Durch Hohes und Tiefes 333 Wir strecken uns nach dir

Fürbitten

Du Gott der Güte,
komm heilend in unsere verwundete Welt.
Wir bitten dich für die Menschen,
die von Krieg und Terror traumatisiert sind,
in Panik vor den Drohnen und Bombern,
gefangen gehalten und verlassen in dunklen Verliesen.
Sende deinen Engel des Trostes zu ihnen mit Wärme, Liebe und Hoffnung
Wir rufen zu dir:
Gott, sei in unsrer Mitte und hilf uns.

Du Gott der Wahrheit,
komm klärend in unsere verirrte Welt.
Wir bitten dich für die Zweifelnden, die Unentschlossenen,
und auch für die, die Wahrheit mit Füßen treten und in Lüge
verdrehen,
die keinen Widerspruch dulden und ihn niederbrüllen.
Sende deinen Engel der Klarheit, ihre Pläne zu durchkreuzen,
ihre Herzen zu verwandeln und den Zögernden Halt zu geben.
Wir rufen zu dir:
Gott, sei in unsrer Mitte und hilf uns.

Du Gott der Allmacht,
komm helfend in unsere bedürftige Welt.
Stärke deine Gemeinden, damit sie Trauernde trösten,
Kranken zur Seite stehen, Bedürftige unterstützen.
Sprich zu uns, sprich durch uns, öffne unsere Herzen und Hände
durch Jesus Christus, dein heilendes, klärendes, helfendes Wort.
Wir rufen zu dir:
Gott, sei in unsrer Mitte und hilf uns.
Amen.

Vorschlag zur Predigt

Möglicher Anfang

Segen auf dem Weg in den Urlaub, spontane Taufen und Hochzeiten, Gottesdienste mit Musik von Taylor Swift und Adele. Wir haben, wie ich finde, in der Kirche ziemlich viele gute Ideen, um Menschen anzusprechen. Es sind Angebote, um mitten hineinzuwirken in die Lebenswelt. Eine Landesbischöfin hat dazu kürzlich gesagt:»In einem nächsten Moment, ob der übermorgen oder in drei Jahren erst ist, erinnern sich Menschen und sagen: ›Das hat mich damals berührt und hat mir mehr gegeben, als ich vielleicht erwartet hätte, dann wende ich mich doch dahin.‹«

Jesus verfolgt in unserem Predigttext allerdings eine ganz andere Strategie:»Ihr wollt euch mir nicht anschließen, um das ewige Leben zu erhalten«, wirft er seinen Gesprächspartner:innen an den Kopf. Hopp oder Top: Ohne mich gibt es kein ewiges Leben. Ende der Durchsage. Als Marketingstratege für kirchliche Angebote würde Jesus heute wohl keinen Job bekommen. Hart und kompromisslos klingen seine Worte und so gar nicht freundlich werbend. Willst du zu mir gehören? Du musst dich entscheiden! Und ein »Nein« hat negative Folgen. Mir stockt fast der Atem. In einer Zeit, in der jede und jeder sich die eigene Lebensform und Wahrheit sucht, wirkt so eine drastische Konfrontation einengend, ja, bedrohlich. Parteien fallen mir ein, die mit ihren Parolen die Wirklichkeit einseitig verengen und unsere Gesellschaft spalten wollen. Ist Jesus ein Spalter?

Andere haben mit dieser Radikalität vielleicht kein Problem? Sie sehnen sich nach Klarheit und Eindeutigkeit.»Endlich redet Jesus hier Klartext in manche verschwommene Unverbindlichkeit kirchlicher Wirklichkeit.« Diese Worte Jesu können weit auseinanderliegende Reaktionen hervorrufen. Woran kann ich mich halten?

Zum weiteren Verlauf

Im Fortgang möchte ich dafür werben, die Spannungen nicht einseitig aufzulösen, sondern unter dem Aspekt der Machtsensibilität zu betrachten.

Wo es um die Kommunikation von letzten Überzeugungen geht, wo Deutungen auf Glauben, Leben, Welt und Gott Bezug nehmen, wo eine Vielzahl von Deutungen konkurrieren, sind Deutungskonflikte unvermeidbar. Denn Gewissheitserfahrungen sind einerseits oft nicht verhandelbar. Andererseits ist aber das friedliche Zusammenleben auf kultivierte und grenzbewusste Aushandlungsprozesse angewiesen. Der verantwortungsvolle Umgang mit den Worten Jesu beinhaltet, dass wir uns der Deutungsmacht bewusst sind, die wir mit den Worten Jesu ausüben.

Machtausübung in den Kirchen in Seelsorge, persönlichen Beziehungen und öffentlichem Auftreten ist vor allem kommunikativ vermittelt. Das Fehlen von Machtsensibilität ist ein entscheidender Grund für Grenzüberschreitungen bis hin zum Missbrauch. Von hier aus kann die Kommunikation Jesu unter dem Aspekt der Machtsensibilität beleuchtet werden (s. Exegese), um Würdigung und Kritik gegenüber den Gesprächspartner:innen zu verdeutlichen. An eine Grenze der Kommunikation geraten wir dort, wo wir den Bereich des Ersten Testamentes erweitern und formulieren: »Der Gott, von dem die Bibel spricht, ist in Jesus Mensch geworden.«

Ich bin überzeugt, dass Menschen anderen Glaubens authentische Erfahrungen Gottes haben: Juden, Moslems, Hindus, Buddhisten und andere. Aber ich kann mir nicht vorstellen, dass ich etwas als Stimme Gottes akzeptieren kann, das dem Weg Jesu, seinem Leben, seiner Wahrheit widerspricht.

Diese Aussage kann durch das Leben und Wirken Jesu im Einsatz für die Bedürftigen und Erniedrigten und seine bedingungslos liebende Zuwendung zu allen Menschen als Vorbild auch für mein Glaubensleben illustriert werden.

Damit ist zugleich auch eine Grenze gegenüber allen Tendenzen von Hass und Intoleranz gesetzt. Intoleranz ist nötig gegenüber allen Formen von Intoleranz.

Möglicher Schluss

Jesus fordert nicht zur Spaltung heraus. Aber an seiner Person und an seinem Wirken scheiden sich die Geister. Jesus spricht nicht so unverbindlich, dass keiner etwas gegen ihn hat. Ihm ist es aber zugleich wichtig, dass jede und jeder für sich entscheidet und sich nicht nach anderen richtet. Es geht darum, das eigene Leben zu leben.

Viele Menschen haben sich noch nie für ihren eigenen Weg entschieden. Sie richten sich nach dem, was die anderen von ihnen erwarten.

Jesus fordert uns heraus, den eigenen Weg zu suchen. Das gelingt nur über ein richtiges Verhältnis von Nähe und Distanz zu den Vorstellungen anderer. Solange ich innerlich noch an sie gebunden bin, schlängele ich mich durch zwischen der Anpassung an die anderen und den eigenen Vorstellungen. Erst wenn ich auf eigenen Füßen stehe, kann ich wirklich mit anderen Menschen und ihren kulturellen und religiösen Vorstellungen in Freiheit und Offenheit kommunizieren. So kann es dann auch gelingen, den anderen ernst zu nehmen und ihn nicht einfach abzuwerten. Als Christinnen und Christen ist Jesus für uns der Maßstab. Weil durch sein Leben und Reden, weil durch sein Leiden und Sterben Gottes Liebe durchdringt in die Welt. Dies zu erfahren, laden wir Menschen ein, auch mit Liedern von Taylor Swift und Adele. Weil Jesus Liebe, Trost und Wärme ausstrahlt und gerade in den geringsten Schwestern und Brüdern zu uns spricht. Und das gilt für alle. Für Christen, Juden, Moslems, Hindus und Buddhisten. Allen Menschen, die Liebe und Hilfe brauchen, begegnet Jesus. Oft bleibt er unerkannt. Dort aber hören wir seine Stimme. Und eben nicht in nationalistischen Parolen und hasserfüllten Attacken gegenüber anderen Kulturen und Religionen. Dies deutlich zu sagen ist christliche Intoleranz gegen Intoleranz. Zu dieser Klarheit und Entschiedenheit helfe uns Jesus als Weg, Wahrheit und Leben.

Literatur:

Klie, Thomas et al. (Hg.), Machtvergessenheit, Praktische Theologie im Wissenschaftsdiskurs Bd. 25, Berlin 2021

Wengst, Klaus, Das Johannesevangelium, Stuttgart 2019

2. Sonntag nach Trinitatis
Jes 55,1–5

Antje Pech

Erste Begegnung mit dem Text

Elbekirchentag unter dem Thema »WassERleben« im August 2024 in Pirna. Auf der Elbwiese sitzen Menschen in der Sonne, die Ruhe und der Blick auf den Fluss tun gut. Andere flanieren an den Ständen entlang, schauen, informieren sich zu Umwelt und Klimaschutz oder genießen einfach Essen und Trinken. Nur 60 Meter entfernt von der Bühne fahren die Schiffe der Sächsischen Dampfschifffahrt. Menschen winken sich zu. Eine fröhliche, gelöste Stimmung ist es an diesem Tag an der Elbe.

Wer von der Elbwiese Richtung Marktplatz geht, läuft an der Plastik »Die Flut« des chilenisch-deutschen Künstlers Hernando León vorbei. Ein Geschenk des Künstlers, der in Pirna arbeitet, an die Bürgerinnen und Bürger: Dank an die Helfenden beim August-Hochwasser 2002 und Erinnerung daran, dass Stadt und Leben unmittelbar bedroht sein können.

Drei Wochen nach dem Elbekirchentag stürzen in Dresden Teile der Carolabrücke ein. In kürzester Zeit müssen die Betonstücke aus der Elbe und aus dem Uferbereich entfernt werden. Für das Wochenende wird Hochwasser erwartet, die erste Alarmstufe für den Elbestrom ist ausgerufen.

Erwin Strittmatter erzählt in seinem Roman »Der Wundertäter« von Gustav und Lena. Das siebente Kind ist geboren. An allem ist Mangel. Und der Pastor drängt zur Taufe. Aber woher sollen Brot, Wein und Kuchen für das Fest kommen? Gustav und Lena suchen wohlhabende Patinnen aus und hoffen auf das Geld im Steckkissen. Am Sonntag nach Kirchgang und Taufe finden sie dort (nur) fünf Mark.

Exegetische Skizze

Deuterojesaja wendet sich mit dem Schlusskapitel an die Israeliten im
Exil. Die Durstigen und die, die kein Geld haben, wenden sich Göttern
des Exillandes zu. Diese Verehrung kostet viel, Abhilfe der Not und Heilung der seelischen und geistlichen Verletzungen bleiben nach Deuterojesaja jedoch aus. So ist das erste Wort in V.1 הוֹי als Ermahnung im
Sinn von »He, ihr alle, die ihr durstig seid, kommt her zum Wasser!«
zu lesen.
Der hebräische Text benennt mit der Formulierung בְּלוֹא־לָחֶם in V.2 ein
Nicht-Brot. Buber und Rosenzweig (173) übersetzen hier: »Warum wägt
ihr Silber hin für Nichtbrot, eure Arbeit für Nichtsättigendes?!«
Die Worte in V.1f. verweisen zuvor auf das Angebot Gottes. Für alle und
kostenfrei gibt es Zuwendung und Hilfe, konkret Wasser, Getreide/
Brot, Milch und Wein ohne Geld. Diese paradoxe Aufforderung unter-
streicht die Bedeutung des Heilsangebots.
Wein und Milch sind Teil des göttlichen Freudenmahls (Höffken, 178).
Das »kommt her ... und esst« (V.1) und das »kommt her zu mir« (V.3)
zeigen nach Koll (339) zudem die liturgische Sogkraft des 2. Sonntages
nach Trinitatis mit der Verbindung des alttestamentlichen Textes zum
Evangelium Lk 14,16ff. und der Erzählung vom Einladen und Abend-
mahl.
Fohrer (176) verweist auf den Wechsel zwischen den Absendern der
Worte hin: In V.1 lädt Gott selbst ein, in V.2 geht Deuterojesaja vom
Bild zur Sachebene über: Für den Verdienst – Hören und Bleiben bei
Gott und in Gemeinschaft – gibt es bei Gott bestes Essen und Laben
mit Fett (Fohrer, 176.). Höffken (178) betont dagegen, dass eindeutige
Gottesrede erst ab V.3 vorliege. Koll (340) verweist ab V.2b auf »Frau
Weisheit« oder »Zion« als Einladende und verbindet mit Spr 9,1–6.
Deuterojesaja greift nach den Ausführungen zu »Kommen und Kau-
fen« (V.1f.) weiter auf den Bund mit David zurück, um Ergebnisse
des »Kommens und Hörens« (V.3f.) zu verdeutlichen. Gottesbeziehung und Mühen um Gemeinschaft haben David zu einem Menschen
gemacht, der anderen Vorbild ist und auf die lebensnotwendige, hei-
lende Bindung an Gott verweist. Die Verheißung, die damals David
zugesprochen wurde, soll nun für Israel gelten (V.5). Höffken (179)
sagt: »Man versteht nun, inwiefern das Angesagte, das, was es zu hören
gibt, sättigt, nährt, ja Leben gibt: Das Geschehen der am Modell Davids

gestalteten Beziehung Israels zu den Völkern ist von dieser Art für Hörer, die bislang von einer solchen Rolle meilenweit entfernt sind (vgl V.1, aber auch 54,1).«

Der 2. Sonntag nach Trinitatis liegt in zeitlicher Nähe zum Johannistag und fällt 2025 mit dem Gedenktag der Apostel Petrus und Paulus zusammen. Richtungswechsel und Bekenntnis sind zentrale Themen dieser Zeit im Kirchenjahr. Die liturgische Farbe für »Peter und Paul« ist rot. In diesem Zusammenhang fallen die Imperative (nach LUT 2017) kommt her, kauft, esst (V.1), hört (V.2), neigt, kommt her, höret (V.3) noch stärker auf.

Koll (341) betont die Einheit der Bedarfe an körperlichen und geistlichen Lebensnotwendigkeiten in Jes 5,1–5 und zieht die Bezeichnung »Gott-Durst« von Christian Lehnert heran. Die Transformation in die Gegenwart und die aktuellen religiösen Kundenbedürfnisse beschreibt sie (342) mit Lehnerts Worten: »Nach dem Beben fundierter Religionskritik über 300 Jahre gibt es kein Zurück mehr in die Selbstverständlichkeit. Glauben ist für viele die Sehnsucht nach Glauben geworden, Suche nach Glauben, Durst danach.«

Literatur:

Martin Buber, Franz Rosenzweig, Bücher der Kündung, Deutsche Bibelgesellschaft, Verlag Lambert Schneider GmbH, Gerlingen 1978

Georg Fohrer, Jesaja 40–66. Deuterojesaja/Tritojesaja, in: Hans Heinrich Schmid und Siegfried Schulz (Hg.), Zürcher Bibelkommentare, Theologischer Verlag Zürich, 2. Auflage 1986, 175 ff.

Peter Höffken, Das Buch Jesaja Kapitel 40–66, in: Christoph Dohmen (Hrsg.), Neuer Stuttgarter Kommentar, Verlag Katholisches Bibelwerk, Stuttgart 1998, 178 f.

Julia Koll, Ein unwiderstehliches Angebot?, in: Alexander Deeg und Jan-Dirk Döhling u. a. (Hg.), Göttinger Predigtmeditationen, 2. Vierteljahresheft 2019, 73. Jahrgang, Heft 3, 339 ff.

Weg zur Predigt

Ausgehend von der aktuellen Hochwassersituation und der Situationsbeschreibung im Exil wird die Predigt Gedanken zu Gewichtung, Genügsamkeit und Loslassen-Können ausführen. Alternativ zum Wasser-Motiv kann der Zugang über das Brot-Motiv gewählt werden.

Predigtthema

Gottes Einladung zum Leben

Vorschläge zur Liturgie

Meditation zu Psalm 36

Deine Güte, Gott, reicht so weit wie der Himmel;
ist ohne Anfang und Ende.
Deine Wahrheit spannt sich von Horizont zu Horizont,
wie Wolken, die Schatten spenden.
Deine Gerechtigkeit erhebt sich über die Erde
wie die höchsten Berge, ist erhaben und groß.
Und dein Recht gilt Mensch und Tier.
Deine Liebe erstreckt sich von Generation zu Generation,
umfasst alle Menschen und Völker.
Bei dir finden sie Zuflucht
wie Küken unter dem Flügel ihrer Mutter.
Deine Treue geht jeden Tag auf wie die Sonne.
Du sättigst alles, was lebt, mit reichen Gütern
und tränkst die Durstigen
mit dem Wasser des Lebens.
Gott, bei dir finden wir die Quelle des Lebens,
und in deinem Lichte sehen wir das Licht.
Stephan Goldschmidt, Denn du bist unser Gott, Gebete, Texte und Impulse für die Gottesdienste des Kirchenjahres, Neukirchen-Vluyn 2018, 210 f.

Lieder: Singt Jubilate Nr. 184 Du hast das Leben allen gegeben; EG 427 So lang es Leben gibt auf Erden

Vorschlag zur Predigt

Möglicher Anfang

Kommt her zum Wasser – wir haben im September 2024 gerade genug davon in Pirna, Dresden, Görlitz.

Und auch in Polen, der Tschechischen Republik und Österreich ist reichlich davon vorhanden.

Natürlich kommen die Leute und gucken. Da braucht man nicht groß rufen. Zu interessant ist, was hier passiert. Polizei, Technisches Hilfswerk und Bundeswehr haben Mühe, die Hochwassertouristen einigermaßen hinter den Abgrenzungen zu halten.

Andere packen das Nötigste und bringen sich in Sicherheit. Auch wenn jetzt das Wasser noch nicht in den Städten steht – es steigt unaufhaltsam und macht Angst und überspült wie schon so oft Wohnungen und Keller und Felder.

Manches wird dabei weggespült an Sachen und an Plänen. Und manches wird hochgespült an Verzweiflung und Wut.

Kommt her zum Wasser – und auch das ist zu nennen: die Menschen, die nicht zum neugierigen Schauen gekommen sind, sondern zum Helfen. Sie reichen sich Sandsäcke und schichten diese auf. Ob das dann helfen wird, sei dahingestellt. Doch es ist ein Zeichen der Solidarität. Ein Zeichen: Ihr seid mit eurer Not nicht allein.

Andere schmieren Brote, kochen Kaffee und bringen das den Helfenden.

Wieder andere nehmen Freunde und Bekannte auf. Manchmal waren das nur entfernte Bekannte. Jetzt sind diese plötzlich nah.

Zur selben Zeit lädt das Ravensburger Spieleland Betroffene und Helfende vom Juni-Hochwasser zu einem Hochwasser-Tag ein. Abschalten von den Sorgen, wenigstens einen Tag lang, Aufatmen und Danke-Sagen für das Miteinander in der Not.

Zum weiteren Verlauf

Geschrieben ist der Deuterojesaja-Text in der zweiten Hälfte des Exils. Auch damals waren »alle Felle weggeschwommen«. Die Menschen hatten verloren, was sie – und davor ihre Väter und Großväter, ihre Mütter und Großmütter – geschaffen hatten:
– Felder – weg, in anderen Händen!
– Häuser – zerstört oder in anderem Besitz!

- Stadtmauern – geschleift!
- Familien – auseinandergerissen oder mit dem Notdürftigsten in die Fremde gerettet.

Und als alles passiert ist und sich die Lage einigermaßen beruhigt hat, da richten sich die Leute ganz schnell wieder ein in ihrer neuen Normalität.

Also keine Veränderung im Verhalten oder Tun, welches doch die Katastrophe ermöglicht – wenn nicht sogar hervorgerufen – hat. Sondern: Jetzt ist es vorbei. Jetzt wird wieder gelebt.

Deuterojesaja liefert eine Beschreibung dessen, was die Leute tun: Die geben wieder ihr Geld aus für nutzlose Dinge, »ihren sauren Verdienst für das, was nicht satt macht«.

Umdenken erfolgt also nicht. Umkehr erfolgt nicht. Sondern: Ist noch mal gut gegangen. Und jetzt geht es weiter wie immer.

Ich gestehe, ich kann die Leute verstehen.

Die haben doch nur geschaut, wie ihr Leben im Exil einen einigermaßen vernünftigen Sinn haben kann. Der Gott der Väter, oben im Himmel – welchen Wert hat er denn, wenn man in ganz handfester weltlicher Gefangenschaft sitzt? Geht es hier unten nicht zuerst um andere Dinge? In Brechts Dreigroschenoper singt Mackie Messer: »Erst kommt das Fressen, dann kommt die Moral.« Und hat er nicht – irgendwo – Recht damit?

Möglicher Schluss

Und ich sehe, dass der alte Prophetenruf noch immer die Situation trifft und aus einem ganz anderen Blickwinkel schaut, als wir Menschen das zu tun gewohnt sind. Er ist himmlische Draufsicht, himmlische Supervision, wenn man so will.

Da sieht nämlich einer, dass es Gründe und Ursachen gibt, wenn Dinge hier unten auf der Erde schieflaufen:

Konflikt und Auseinandersetzung hat es damals gegeben und wird es immer geben. Doch wie sehr diese eskalieren, das ist auch die Frage an das eigene Verhalten und die eigenen Wertigkeiten.

Den Regen können wir nicht abstellen. Doch sind die aktuellen Naturkatastrophen immer auch eine Anfrage an unseren Lebensstil. *Sie* sind *auch* die Fragen danach:

- was wir erstreben
- was wir wirklich brauchen

- wie wir loslassen können
- wo Dankbarkeit und Genügsamkeit ihren Platz in unserem Leben haben.

Himmlische Draufsicht: Da sieht einer, wo es ganz anderes Wasser und ganz anderes Brot gibt.

Ich höre dabei die Jesus-Worte: Ich bin, sagt Christus, lebendiges Wasser, Brot zum Leben. Und er sagt weiter: Der Mensch lebt nicht vom Brot allein, sondern von einem jeden Wort, das aus dem Himmel kommt. Wonach streben wir? Was brauchen wir? Und was brauchen wir alles nicht? Und ich meine: Es ist wohl eher der irdische Wasserhahn in uns, der unaufhaltsam Wasser bringt, obwohl wir schon lange nicht mehr durstig sind.

Mit Gotteswort ein schlechtes Gewissen machen, das wollte Deuterojesaja nicht. Das möchte auch ich heute nicht.

Was ich möchte:

Selbst die wunderbaren Prophetenworte hören, die gerahmt werden mit »נְאַם־יְהוָה – so spricht der Herr« (Jes 54,17) und »נְאֻם יְהוָה – Spruch des Herrn« (Jes 55,8).

Und immer wieder hören diese Einladung zum Leben: Wohlan, der du durstig bist, komm her zum Wasser!

Kontexte und Tipps zum Text

Lena rannte noch am gleichen Tage in die Blaubeeren. Mühsam füllte sie ein Eimerchen mit raren Augustbeeren für den Taufkuchen. Der Zorn des Himmels sollte sie nicht treffen ... Patinnen wurden: die Frau des Gutsvogtes, deren Blusen Lena, die Näherin, noch immer weiten musste; die Frau des Dorfkrämers, die anschrieb, wenn Büdners Wochenlohn nicht reichte; die Frau des Bauern Schulte, der ab und an sein Pferd für kleine Leute herlieh ... Man einigte sich [auch] auf die Frau des Lehrers: eine Beamtenfrau ... Es wurden ein Blaubeerkuchen und ein Zuckerkuchen gebacken ... Sonntag. Tauftag. Die Kläräpfel im Garten färbten sich gelblich. Die Futtersaat grünte auf den Schäläckern. Die Hühner flogen aus dem Schlupfloch, auf Büdners Hof wurde es lebendig ...

Lena kam mit einem Bausch Windeln. Gustav riss die Augen auf. »Wie viel?« »Fünf Mark.« »Sie werden unterwegs vom Geld verloren haben. Die verrückte Schulte hat mit dem Steckkissen geschlenkert.« Die großen Kinder wurden ausgeschickt, den Weg abzusuchen. Elsbeth wand sich vor Hunger.

»Geh, geh, geh, sonst sucht wer anders das Geld aus dem Wegstaub!«
»Wenn die Störchin hungrig ist, frisst sie grüne Frösche ...«, sang die
Schulte in der Taufstube. Gustav rannte mit der Wein-Tasche zu den
Patinnen. »Vor der Taufmahlzeit ein Glas, alte Sitte, auf das Wachstum
des Kindes!« Nur die Schulte überwand sich und trank:
Noch waren die Kinder nicht von der Patengeldsuche zurück, da wuss-
ten Gustav und Lena, dass kein Pfennig verlorengegangen war.
»Eingebunden habe ich nichts«, flüsterte die Vogtsfrau. »Mein Mann
schickt euch nach dem Dreschen ein Säckchen Hühnerfutter. Geld ist
so unpersönlich.«
»Sie werden sich wundern, dass wir nichts einbanden«, sagte die Frau
des Krämers und lächelte. »Man kann nicht so, wie man möchte. Ihre
Schulden haben wir gestrichen. Jetzt ist reiner Tisch.«
»Ich habe leider nur fünf Mark einbinden können«, mäuselte die Frau
des Lehrers und schwankte ein wenig. »Wie das so ist – kurz vor dem
Monatsersten!«
Elsbeth rannte mit fünf Mark Patengeld nach Schleifmühle um Plin-
senmehl, Zucker und etwas Schnaps für den enttäuschten, ach, so ent-
täuschten Gustav.
Erwin Strittmatter, Der Wundertäter, Berlin 1959, 19–24.

»Erst kommt das Fressen, dann kommt die Moral.«
https://www.volksoper.at/volksoper_wien/pressezentrum/pressemel-
dungen/Premiere-_-Die_Dreigroschenoper-.php, zuletzt aufgerufen
am 15.09.2024

3. Sonntag nach Trinitatis
1 Tim 1,12–17

Dieter Heidtmann

Erste Begegnung mit dem Text

Amt, Barmherzigkeit, Gnade, Glaube, Liebe, Seligkeit, ewiges Leben ... wer versteht das noch? Der Predigttext ist voller Kernbegriffe unseres Glaubens – aber erreichen diese Begriffe die Menschen? Wird in diesen abstrakten Begriffen für die Zuhörenden spürbar, was Paulus erlebt hat und was er nun Timotheus mit in seine neue Aufgabe gibt?

Im Evangelium für den 3. Sonntag nach Trinitatis, dem Gleichnis vom verlorenen Sohn (Lukas 15,1–3.11b–33), ist die Umkehr zum Leben in all ihrer Vielschichtigkeit miterlebbar. Bei Paulus klingt das nach einer Jura-Vorlesung im 3. Semester: »Resozialisierung von Straffälligen unter besonderer Berücksichtigung ihrer Kriminalprognose.«

Die unglaubliche Erfahrung von Gottes Barmherzigkeit muss in der Predigt irgendwie erlebbar werden, um der Botschaft von Paulus gerecht zu werden.

Exegetische Skizze

Am Anfang der Unterweisung an Timotheus steht die Rückschau auf Paulus' eigene Glaubensgeschichte. Die eigene Biographie dient zur Erläuterung des Heilsgeschehens. Paulus geht es dabei nicht um die eigene Person, sondern um die Barmherzigkeit Gottes, die in seinem Leben sichtbar geworden ist.

Drei Begriffe stehen sich dabei gegenüber: Früher war er ein Lästerer, heute ist er stark. Früher war er ein Verfolger, heute ist er treu. Früher war er ein Frevler, heute hat er ein offizielles »Amt«. Im griechischen Text steht für die Beschreibung dieses Amtes »diakonia«. Das ist etwas

93

anderes als der Status, an den wir in Deutschland bei dem Wort »Amt« denken. Es geht um den besonderen »Dienst«, der mit der Beauftragung verbunden ist.

In diesen Wortpaaren wird auch gegenübergestellt, was Paulus selbst getan hat und was Gott daraus gemacht hat. Er war der Lästerer, der falsche Behauptungen über die ersten Christen in die Welt gesetzt hat. Heute kommt seine Stärke, seine Autorität von Gott. Er war ein Verfolger der ersten Gemeinde, heute steht er in Treue zu Jesus Christus. Früher hat er sich schuldig gemacht an Gott und den Menschen, nun steht er im Dienst Gottes und der Menschen.

Das Ziel dieser Gegenüberstellung ist, den Umbruch durch die Gnade Gottes umso stärker hervorzuheben. Das erinnert ein wenig an die Biographien aus der Erbauungsliteratur, in denen erst das sündhafte Erlebnis vorher und dann das ganz andere Leben nach dem Erweckungserlebnis geschildert wird. »Letztlich stellt damit der Paulus der Past sein Leben in der Zeit vor der Bekehrung und Berufung auf eine Stufe mit den Falschlehrern, zu deren Bekämpfung er jetzt seinen Nachfolger in der Gemeindeleitung auffordert.« (Lorenz Oberlinner, Erster Timotheusbrief, HThKNT, 37)

Auf dem Hintergrund dieser Schilderung der Vergangenheit beschreibt Paulus das vollkommen andere Leben in der Gegenwart und in der Zukunft. Grundlage seines Lebens ist jetzt die Gnade Gottes. Sie geht über alles hinaus, was man sich vorstellen kann.

Paulus beschreibt dies mit dem Schlüsselbegriff der Barmherzigkeit. Barmherzigkeit ist in der Geschichte Gottes mit den Menschen eine feste Eigenschaft Gottes. »Herr, Herr, Gott, barmherzig und gnädig und geduldig und von großer Gnade und Treue.« (2 Mose 34,6) Von Paulus wird diese Barmherzigkeit hier als ein aktives Tun Gottes beschrieben. »Barmherzigkeit« beschreibt eine Zuwendung Gottes zu den Menschen, zu der der Mensch nichts beitragen kann. Die Gnade »widerfährt« ihm. Es geschieht etwas mit ihm. Und mehr noch: Diese Barmherzigkeit ist das eigentliche Ziel Gottes. Das ist auch die christologische Zuspitzung des Textes. Dazu ist Christus Jesus in die Welt gekommen, »die Sünder selig zu machen, unter denen ich der erste bin«.

Damit richtet sich die Perspektive des Textes in die Zukunft. Die Folge dieses Handelns Gottes ist, dass die Menschen, die dies erfahren haben, ewiges Leben haben werden. Wobei »ewiges« Leben nicht unendliches Leben ist, sondern eine neue Qualität des Lebens beschreibt, nämlich das Leben in der Gemeinschaft mit Gott.

Der Predigttext endet mit einer Doxologie. Spannend ist nochmals der Vers, der danach kommt und der nicht mehr Teil des Predigttextes ist. »Dieses Gebot gebe ich dir, mein Sohn Timotheus, nach den Weissagungen, die früher über dich ergangen sind, damit du in ihrer Kraft einen guten Kampf kämpfst und den Glauben und ein gutes Gewissen hast.« Die Erfahrung der Barmherzigkeit, die Paulus hier am Beispiel seines eigenen Lebens beschreibt, soll die Grundlage des Dienstes von Timotheus in der Gemeinde sein.

Weg zur Predigt

Der Predigttext spricht viel an, das mit der Berufung in das Pfarramt verbunden ist. Das ist aber nicht die Situation der Hörenden. Es geht ja um die Gnade und Barmherzigkeit, die allen Glaubenden gilt. Die Frage ist, wie ich dies für die heutige Zeit anschaulich, erlebbar machen kann.
Ich entscheide mich, als Ausgangspunkt der Predigt eine aktuelle »Bekehrungsgeschichte« zu wählen. Die Hörenden sollen in die Rolle der Gemeinde versetzt werden, in die jemand aufgenommen wird, der sie in der Vergangenheit verleumdet und bekämpft hat. Das ist der Versuch, die Besonderheit der Gnade Gottes im Gegenüber zu den Verhaltensmustern deutlich zu machen, die wir Menschen normalerweise in solch einer Situation nutzen würden.

Predigtthema

Die Barmherzigkeit Gottes ist Grundlage unseres Glaubens und Vorbild für unser eigenes Verhalten.

Vorschläge zur Liturgie

Votum
Im Namen Gottes, der alles Leben geschaffen hat,
im Namen Jesus Christi, der ewiges Leben schenkt,
im Namen des Heiligen Geistes, der uns lebendig macht.

Gebet zum Eingang
Unser Gott,
wir kommen zu dir mit allem, was uns ausmacht.
Wir bringen mit uns, was wir in diesen Tagen erlebt haben
und was uns noch immer nachgeht.

Wir bitten dich:
Schenke uns Stärke, wo wir schwach sind.
Schenke uns Gnade, wo wir in Unfrieden leben.
Schenke uns Barmherzigkeit, wo uns die Liebe fehlt.

Du bist in die Welt gekommen, um uns selig zu machen.
Du bist Mensch geworden, um uns nahe zu sein,
Du eröffnest uns ein neues Leben, ein Leben mit dir.

Jesus Christus, du schenkst uns deine Liebe.
Wir bitten dich, nimm uns mit auf deinem Weg.
Amen.

Psalm: Ps 103,1–13

Lesungen: Mi 7,18–20 oder 1 Kön 19,11–13 (Elia am Horeb); Lk 15,1–3.11b-33 (Gleichnis vom verlorenen Sohn)

Kyrie
(im Anschluss an Psalm 103)
Unser Gott, du schaffst Gerechtigkeit und Recht allen, die Unrecht leiden.
Wir bitten dich: Herr, erbarme dich.
Jesus Christus, du bist barmherzig und gnädig, geduldig und von großer Güte.

Wir bitten dich: Herr, erbarme dich.
Geist Gottes, du Atem des Lebens, du handelst nicht nach unseren Sünden und rechnest uns unsere Fehler nicht an.
Wir bitten dich: Herr, erbarme dich.

Gloria
(im Anschluss an Psalm 103)
Ehre sei Gott,
der uns aus Staub geschaffen und
uns zu etwas ganz Besonderem gemacht hat.

Ehre sei Gott,
der gnädig ist und Gerechtigkeit schafft.

Ehre sei Gott,
der uns immer wieder neue Anfänge und neues Leben schenkt.
Amen.

Fürbitten
(im Anschluss an das Lied »Amazing Grace«)

Wir beten mit Worten aus dem Lied »Amazing Grace«:

Unser Gott, wir danken dir für deine wunderbare Gnade, die uns errettet.
Wir danken dir für deine wundervolle Liebe,
die ganz besonders denen gilt, die unglücklich sind.
Ich war verloren, doch du hast mich gefunden.
Ich war blind, doch nun sehe ich.

Unser Gott, wir bitten dich für alle, die in Angst leben.
Wir bitten dich für alle, die sich fürchten vor dem, das auf sie zukommt.
Wir bitten dich für die, die in Gefahr sind, und für die, denen die Kraft ausgeht.
Deine Gnade hat mich bis hierher gebracht
und deine Gnade wird mich weiterführen.

Unser Gott, selbst wenn wir zehntausende von Jahren hier wären,
hell leuchtend wie die Sonne, hätten wir doch nicht genug Tage,
um dein Lob zu singen und für deine Gnade zu danken.
Amen.

Lieder: EG 503,1–4.8 Geh aus, mein Herz, und suche Freud; WWDL 51
Herr, ich komme zu dir; EG 353 Jesus nimmt die Sünder an; WWDL 36
Es gibt bedingungslose Liebe; WWDL 139 Geh unter der Gnade; Durch
Hohes und Tiefes 293 Amazing Grace

Vorschlag zur Predigt

Möglicher Anfang
Liebe Gemeinde,

»Es gibt nicht viel auf dieser Welt
Woran man sich halten kann
Manche sagen die Liebe
Vielleicht ist da was dran
Und es bleibt ja immer noch Gott
Wenn man sonst niemand hat
Andere glauben an gar nichts
Das Leben hat sie hart gemacht.«

Das ist der Anfang eines Bekenntnisses. Allerdings nicht aus dem
kirchlichen Bereich.
Es klingt zunächst wie der Anfang eines Kirchenlieds, aber es ist die
Punkband der »Toten Hosen«, die diese Strophe gedichtet hat. Und das
Lied geht dann weiter:

»Es kann so viel passieren
Es kann so viel geschehen
Nur eins weiß ich hundertprozentig:
Nie im Leben würde ich zu Bayern gehen.«
Bayern, © Campino und Funny van Dannen, 1999

Liebe Gemeinde,

bitte stellen Sie sich vor, was geschieht, wenn solch ein eingefleischter Gegner eines bestimmten Fußballvereins, der als Jugendlicher auf der Tribüne wüste Beleidigungen gegen die gegnerische Mannschaft im Stadion gebrüllt hat und keiner Prügelei mit den »feindlichen« Fans aus dem Weg gegangen ist, auf einmal bei Ihnen im Fanclub auftaucht und behauptet: »Ich gehöre jetzt zu euch!«

Paulus berichtet im 1. Timotheusbrief über seine Bekehrung vom Gegner und Verfolger der ersten christlichen Gemeinde zum Apostel und glühenden Bekenner Jesu Christi. Ich lese den Predigttext aus 1 Tim 1,12–17 und Sie überlegen bitte, wie es Ihnen ginge, wenn Sie jetzt im Gottesdienst der Urgemeinde in Jerusalem sitzen würden und dann dort auf einmal ausgerechnet jener Mensch auftaucht, der Sie verleumdet und verfolgt hat und Ihnen schlimmes Unrecht angetan hat.

Textlesung 1 Tim 1,12–17

Liebe Gemeinde,

die natürliche Reaktion in solch einer Situation wäre ...

Zum weiteren Verlauf

Es wird zunächst geschildert, wie wir Menschen normalerweise auf solch eine Situation reagieren würden: mit Ablehnung und Zweifeln an der Bekehrung des Verfolgers der Gemeinde.

Auf diesem Hintergrund wird deutlich gemacht, wie grundsätzlich anders Gott agiert. Wir verkündigen ja immer, dass man sich Gottes Gnade nicht verdienen kann. Hier geht Paulus noch einen Schritt weiter. Er veranschaulicht an der eigenen Biographie, dass Gott selbst gegenüber dem Lästerer, Verfolger und Frevler noch barmherzig ist.

Es bietet sich an, zur Veranschaulichung auf das Handeln des Vaters im Gleichnis vom verlorenen Sohn einzugehen – und darauf, dass das Verhalten des Bruders dem entspricht, wie die Anhänger von Bayern München vermutlich reagieren würden, wenn der Sänger der »Toten Hosen« auf einmal bei ihnen im Vereinsheim auftauchen würde.

Das Beispiel des Handeln Gottes müsste auch auf andere Lebensbereiche übertragen werden – nicht jede*r Gottesbesucher*in ist ja Fußballfan. Aber Gottes Barmherzigkeit lässt sich auch in der Familie, in der Schule oder am Arbeitsplatz erleben.

Möglicher Schluss

Paulus macht deutlich, dass Gott ganz anders handelt, als es uns Menschen naheliegen würde. Er hat erlebt, was solche Schlagworte wie »Gnade« oder »Barmherzigkeit« konkret bedeuten. Paulus hat erlebt, wie die Liebe Gottes sein Leben grundsätzlich verändert hat. Am Ende dieses Berichts aus seinem eigenen Leben geht er deshalb noch einen Schritt weiter. Der Brief, aus dem unser Predigttext entnommen ist, richtet sich ja an seinen Schüler Timotheus, einen jungen Mann, der nun seine erste eigene Gemeinde übernehmen soll. »Deine Aufgabe, Timotheus«, schreibt er, »ist es, diesem Vorbild Jesu Christi nachzufolgen. Die Konflikte, die dich in deiner Gemeinde plagen, sollst du so lösen, wie Jesus sie gelöst hätte.«

Dasselbe gilt für uns. Es wäre wohl unbarmherzig, von uns selbst zu erwarten, dass wir in den persönlichen Konflikten mit anderen Menschen, die uns verletzt haben, immer nur mit Liebe und Gnade agieren. Das schaffe ich nicht. Aber mir Jesus Christus zum Vorbild und zum Maßstab meines eigenen Handelns zu nehmen, das schaffe ich. Und das eröffnet mir neue Wege im Leben.

Im Internet finden Sie übrigens den Mitschnitt eines Konzerts der »Toten Hosen«, bei dem nach diesem Lied ein Zuhörer auf die Bühne kommt und sich als Fan von Bayern München outet. Die Reaktion des Sängers Camino ist: »Du tust uns allen leid und wir lieben dich, und du darfst auch immer wieder kommen ...«
Amen.

Gestaltungsidee

Das Video »Bayern« der Toten Hosen zunächst in der unten angeführten Konzertaufnahme einspielen und in dem Augenblick stoppen, in dem der Bayern-Fan auf die Bühne kommt. Und dann fragen: Was würden Sie jetzt an der Stelle des Sängers sagen?

Mit den Konfirmand*innen vergleichbare Situationen aus der Schule oder aus der Freizeit als Anspiel in den Gottesdienst einbringen und dann mit den Gottesdienstbesucher*innen gemeinsam überlegen, wie sich diese Konflikte lösen lassen.

Symbole, Aktionen

Am Anfang des Gottesdienstes die Gottesdienstbesucher mit farbigen Blättern in Verfolger*innen und Verfolgte aufteilen und dann inszenieren, was passiert, wenn jemand von der einen Gruppe in die andere Gruppe wechselt.

Die Gemeindeglieder beim Eingang anonym aufschreiben lassen, wo sie Gottes Gnade erleben und diese Erlebnisse in die Fürbitten einbeziehen.

Die Predigt entlang der Strophen von »Amazing Grace« gestalten.

Kontexte und Tipps zum Text

Den Liedtext finden Sie auf der Website der Toten Hosen: https://www.dth.de/diskographie/songs/bayern
Hintergrund zum Song:
https://de.wikipedia.org/wiki/Bayern_(Die-Toten-Hosen-Lied)
Mitschnitt des Konzerts der »Toten Hosen« mit einem Bayern München-Fan (ab Minute 4:35):
https://www.youtube.com/watch?v=myL4KPI2iIU

4. Sonntag nach Trinitatis
Lk 6,36–42

Stefanie Sippel

Erste Begegnung mit dem Text

Es ist Sommerzeit, wenngleich sich noch nicht alle Bundesländer in den Ferien befinden. Dass der Predigttext zugleich Evangelium ist und dass ich auf Anhieb Zugang finde, beflügelt mich. Lukas' Feldrede ist vielen vertraut, wobei der einleitende Satz mit dem Vorbild des barmherzigen Gottes und das abschließende Bild vom Splitter im Auge hervorstechen.

Die Imperative zu Beginn erinnern an das sprichwörtliche Anklopfen und Bitten im späteren 11. Kapitel. Auf mich wirken sie anregend und intensiv zugleich. Doch mich stören die zahlreichen männlichen Beteiligten. Ich habe auch Anfragen an die Bilder. Dass das Getreide das Maß vollmacht, garantiert noch nicht schmackhaftes, nährendes Getreide. Warum sollte eine lernende Person nicht die Lehrkraft übertrumpfen können? Wäre das nicht sogar zu hoffen?

Ich hatte schon einen Splitter im Auge, und das fühlte sich schlecht an. Ich stelle fest, dass ich mich als Sünderin bezeichnen müsste. Ich denke daran, wie viel wir darüber sprechen, sich abzugrenzen von toxischem Verhalten und wie schwer manchen das fällt. Aber ich merke auch, dass hier nicht gemeint ist, sich ausbeuten zu lassen.

So wenig ich mich inhaltlich reibe, so sehr stören mich die Übergänge und die schnell wechselnden Bilder. Der Text kommt daher wie eine Aneinanderreihung ohne Überleitungen. Das ändert sich in dem Moment, in dem ich mehrere Übersetzungen heranziehe und eine Collage aus Lutherbibel, Basisbibel und Bibel in gerechter Sprache erstelle.

Collage:
Jesus sprach: Habt Mitleid, wie auch Gott Mitleid übt.
Ihr sollt andere nicht verurteilen, dann wird auch Gott euch nicht verurteilen. Sitzt über niemandem zu Gericht, dann wird Gott auch über

euch nicht zu Gericht sitzen. Sprecht frei, und ihr werdet freigesprochen.

Gebt und euch wird gegeben werden. Was dann in euren Schoß fallen wird, ist wie ein gutes Maß Getreide, vollgedrückt, gerüttelt, überfließend! Denn der Maßstab, den ihr an andere anlegt, wird auch für euch gelten. Er sagte ihnen auch ein Gleichnis. Kann eine blinde Person eine andere führen? Werden nicht beide in den Straßengraben fallen? Ein Lehrling steht nicht über der Meisterin oder dem Meister. Wer aber alles gelernt hat, der ist wie sein Meister.

Du siehst den Splitter im Auge deines Bruders oder deiner Schwester. Aber den Balken im eigenen Auge nimmst du nicht wahr. Wie kannst du sagen, Geschwister, wartet. Ich will euch den Splitter aus eurem Auge ziehen, und du siehst selbst nicht den Balken in deinem Auge. Du machst dir etwas vor. Entferne zuerst den Balken in deinem Auge und dann wirst du sehen, ob du den Splitter aus den Augen deiner Geschwister herausziehen kannst.

Würde ich meine eigenen Worte verwenden, würde ich sagen: Bewerte nicht gleich. Höre auf, so arrogant zu sein. Niemand möchte gedisst werden.

Die radikale Forderung, die der Text an mich stellt, kommt durch eine Übersetzung in eine modernere Sprache näher an mich heran. Ich meine, einen roten Faden zwischen den Absätzen zu entdecken. Offenbar hat das Urteilen etwas mit dem Sehen zu tun. Das Auge ist leicht verführbar. Es sieht nur auf der Oberfläche. Mit dem Herzen sieht es sich besser, wie wir wissen.

Exegetische Skizze

Der Text stammt aus dem Mittelteil der Feldrede und ähnelt dem Abschnitt über das Richten in der Bergpredigt bei Matthäus (Mt 7,1–5). Er umfasst gerade so viel Programm, wie es sich mit einem Mal erfassen lässt.

Der Händler füllt Getreide in den Messbecher, drückt und schüttelt es so fest, dass es dichter und tiefer rutscht. Wenn er dann noch etwas drauflegt, ist es fair oder sogar zu seinem Nachteil großzügig – so, wie wenn der Softdrink den Füllstrich überragt.

Das Beispiel vom Blinden, der einen zweiten Blinden kaum führen kann, ist gegenüber dem Matthäusevangelium ergänzt. Es scheint sich nicht harmonisch einzufügen, weil es ein neues Thema aufmacht. Ferner ist es diskriminierend und unlogisch, weil sehr wohl ein Blinder dem anderen den Weg weisen kann. Der*die Blinde bekommt zudem heute eine Assistenz und kann dann durchaus auf dem Niveau eines*r Sehenden einer Arbeit nachgehen. Hier wird das Nichtsehen abgewertet, obwohl doch die Stelle insgesamt dafür wirbt, weniger scharf zu sehen bzw. gar wegzusehen. Schließlich zielt diese Stelle wohl schlicht auf das Verhältnis Jesu und seiner Nachfolgenden. Nur in der Verbindung macht die Unterordnung einen Sinn.

Der Text ist eine typisch antike Rede mit – wie er selbst erklärt – einem Gleichnis. Es handelt sich dabei eher um Veranschaulichungen als um echte Beispielgeschichten. Es folgen weder Auslegung noch Zusatzinformation.

Was hier aufgeführt wird, das war in den Versen zuvor mit der goldenen Regel und der Feindesliebe schon anders gesagt worden. Und es wurde bereits beschrieben, wer sich zur sündigen Person dazuzählen möge. Sünder*innen sind hier Menschen, die nur denen etwas geben, die es zurückgeben werden, die auf Nutzen und Gegenseitigkeit bedacht sind. Es gibt Menschen, die für jeden erkennbar einfach schlecht sind. Dann gibt es die, die gute Menschen sind, aber die sich dennoch nicht für Gott interessieren oder für den Mitmenschen. Und es gibt Menschen, die von sich aus richtig gute Sachen machen, weil sie einen starken Willen dazu haben.

Alle diese begehen Sünden, insofern, als sie fern von Gottes Denken bleiben.

Die Rede umspannt die Zeiten. Weil in der Vergangenheit schlecht gesprochen worden ist, wird ein verändertes Handeln in der Gegenwart vorgeschlagen mit Blick auf das zukünftige Gericht. Es soll dagegen keine Aussage gemacht werden über das weltliche Richteramt.

Lukas ist schnell dabei, von der Sünder*in zu sprechen. Wir wissen aber auch, dass nach ihm die Sünden weniger schwerwiegend sind, zumal Gott entschlossen ist, zu versöhnen. Wenn Jesus am Kreuz um Vergebung für seine Verfolger betet, kommt dieses so sehr zur Geltung, dass ich absolut vermeiden möchte, dass hier meine Auslegung auf die Spur von Lohn und Ausgleich gelangt. Auch wenn die Passivkonstruktionen Respekt einflößen vor dem Szenario einer Gerichtssituation, braucht diese Sorge nicht im Fokus der Hörer*in zu stehen, sondern eher die ethische Frage, wie sehr ich es schaffe, mein Handeln diakonisch auszurichten. Gerade das Bild vom Händler, der großzügig-fair abmisst, hat die Benachteiligten im Fokus. Der vierte Satz und das Bild vom Maß zeigen das praktische Leben und gehen schon einen Schritt weiter, als die Imperative zuvor. Lukas wirbt für die Versorgung der Armen durch das Almosengeben.

Alle drei Beispielsituationen betonen die Sehfähigkeit – das Ausmessen mit dem Messbecher, das Übersehen der Grube und das verstellte Auge. Die Schlussfolgerung liegt nahe, dass das Richten mit dem Sehen verbunden werden möchte, und die Justitia kommt in den Sinn. Sie steht für die Tugend der Gerechtigkeit und hält eine Waage auf dem Arm, die sie aufgrund ihrer Augenbinde nicht sehen kann. Lange war diese Figur Symbol für die Justiz und wurde auch antisemitisch verwendet gegenüber Jüdinnen und Juden, die nicht zur Kirche gehören wollten. Die Justitia passt besser zu dem versöhnlichen Gott, den Lukas kennt. Gott legt das Kreuz in die eine Waagschale und den Lohn des Menschen in die andere und drückt ein Auge zu.

Literatur:
Hahn, Ferdinand, Das Lukasevangelium und die Apostelgeschichte, in: ders., Theologie des Neuen Testaments. Bd. 1: Die Vielfalt des Neuen Testaments, 3. Auflage Tübingen 2011, 547–583

Weg zur Predigt

Der Sonntag hat die radikale Barmherzigkeit zum Thema. Vor dem Predigtschreiben gilt es, das Proprium des Sonntags zu reflektieren und für sich anzupassen, weil die ausgewählten Bibeltexte die Barmherzigkeit unterschiedlich behandeln.

Es geht im Lukastext weniger um den Neuanfang nach einem Ereignis in der Vergangenheit als um den Anspruch an das präventive vorurteilsfreie Auftreten zu jeder Zeit.

Die angesprochene Person hat nichts wiedergutzumachen, sondern sie bereitet sich darauf vor, sich unabhängig zu machen vom Gegenüber. Sie nährt sich aus Gottes Gerechtigkeit.

Wir erleben Störungen bis hin zu Spaltungen über Meinungsverschiedenheiten. Dahinter steht das Bedürfnis, enorm kongruent zu sein. Ich sehe mich als Predigerin angesprochen und frage mich, als wie übergriffig die gängigen, häufig nicht erforderlichen – weil nicht immer prophetischen – kirchlichen und medialen Äußerungen zum Zeitgeschehen von denen empfunden werden, die damit regelmäßig zum Schweigen gebracht werden.

Die Gefahr besteht dabei, die Grenze zum schädigenden Verhalten nicht vermitteln zu können. Handelt jemand aggressiv oder gar gewalttätig, muss das Fehlverhalten angesprochen werden, nicht zuletzt um die, für die ich die Fürsorge trage, zu schützen.

Als Predigtstil eignet sich für diese Perikope die Homilie, die Vers für Vers auslegt. Die Struktur des Predigttextes mit ihren fünf für sich stehenden Anläufen lädt dazu ein.

Auf diese Weise wäre es möglich, die vielen Bilder besser zur Geltung kommen zu lassen.

Predigtthema

Ich sehe genau hin, um zu bewusst zu entscheiden, wohin ich nicht so genau sehen möchte.

Vorschläge zur Liturgie

Psalmgebet

Der 42. Psalm bildet eine Ergänzung zum Lukastext, weil er weniger rational argumentiert. Mit dem Bild vom lechzenden Hirsch drückt er den Durst derer aus, die nach Gerechtigkeit fragen. Spontanes Mitgefühl kann sich anfühlen wie der Drang nach frischem Wasser. Es stellt sich automatisch ein und bedarf weder einer Aufforderung noch Überzeugungskraft. Der Psalm hilft uns erkennen, dass Gott die Quelle der Barmherzigkeit ist, aus der trinken sollen, die sich heute an den Sünden nähren.

Zusätzlich oder alternativ zum Sprechen des 42. Psalms EG 278 »Wie der Hirsch lechzt nach frischem Wasser« singen.

Bußgebet

Geduldiger Gott,
du betrachtest uns voller Güte.
Du siehst uns,
wie wir Steine für andere tragen und wie wir Steine auf andere werfen.
Wie wir Splitter aus den Augen der anderen ziehen und wie wir leiden
an den Balken in unseren eigenen Augen.
Unser Leben kann belastend sein.
Erbarme dich, Gott.
Kyrie eleison ...

Gnadenzusage

Gott, voll Barmherzigkeit und Liebe,
du sagst: Fürchte dich nicht.
Richte uns auf.
Schenk uns neue Freude.
Wecke in uns die Bereitschaft, Kränkungen loszulassen und zu verzeihen.
Befreit können wir singen: *Allein Gott in der Höh*

Abendmahlsgebet

Barmherziger Jesus,
selbst als man dir hart zusetzte,
hast du niemanden bedroht,
hast du verziehen.
Wir erinnern uns an dein unbegreifliches Leiden als Unschuldiger.
Wir rechnen mit deiner Gegenwart in dieser Mahlfeier.
Stärke uns mit deinem Vergebungsbrot und mit deinem Versöhnungskelch.
Auch wir möchten Wege finden,
zu verzeihen,
und dabei im Herzen ganz einfach bleiben.

Glaubensbekenntnis

Anstelle des apostolischen Glaubensbekenntnisses gemeinsam einen
Abschnitt aus Martin Luthers Kleinem Katechismus lesen:
Und vergib uns unsere Schuld, wie auch wir vergeben unsern Schuldigern.

Was ist das? Wir bitten in diesem Gebet, dass der Vater im Himmel nicht ansehen wolle unsere Sünden und um ihretwillen solche Bitten nicht versagen, denn wir sind dessen nicht wert, was wir bitten, haben's auch nicht verdient; sondern er wolle es uns alles aus Gnaden geben, obwohl wir täglich viel sündigen und nichts als Strafe verdienen. So wollen wir wiederum auch herzlich vergeben und gerne wohltun denen, die sich an uns versündigen.

Lieder: EG 240 Du hast uns, Herr, in dir verbunden (dieses Lied greift mehrere Bilder des Gottesdienstes auf); EG 278 Wie der Hirsch lechzt nach frischem Wasser

Vorschlag zur Predigt

Möglicher Anfang

Wo Menschen sich aufhalten, da haben sie Telefone in der Hand, um eben schnell nach dem Weg zu schauen, eine Antwort zu tippen, durch den aktuellen Feed zu scrollen – oder um zu fotografieren. Die Menschen, denen die Handys gehören, die sehen ganz viel auch sich selbst, das eigene Gesicht. Sie fotografieren sich und stellen die Kamera auf Selfiemodus und prüfen, ob Schokolade im Mundwinkel ist. Und dennoch. Ein Bewerbungsfoto machen zu lassen und dann auszuwählen, das strengt an. Schon ein Passfoto erzeugt Unwohlsein. In jeder Geschichte wird es peinlich, wenn jemand ein Foto von sich aussucht, um es in der Dating-App hochzuladen. Denn an der Stelle platziert sagt ein Foto so viel über mich. Die Wirkung von Fotos bei Bewerbungen ist so weitreichend, dass in manchen Unternehmen von der Verwendung von Fotos abgesehen wird. Nicht zuletzt, um eine Diskriminierung aufgrund des Alters oder der Hautfarbe zu vermeiden. Der Verzicht auf den Sehsinn soll den Blick auf relevantere Informationen freimachen. So wie bei der Justitia, die ihre Waage mit verbundenen Augen bedient.

Zum weiteren Verlauf

Ich möchte mich in das Publikum der Feldrede hineinversetzen. Was ist da für eine Energie unter den Menschen und wie kommt das Gesagte an?

Ich stelle mir vor, wie Jesus schlecht zu verstehen ist und wie einzelne in eigenen Worten zusammenfassend wiederholen, was er sagt. Er will sagen:
Gott ist gut und das Maß aller Dinge. (Ausführung zum ersten Gedanken)
Und eine andere Person: Ja, und du wirst selbst profitieren davon, jetzt Gutes zu tun, weil dein Leben einen anderen Lauf nimmt. (Ausführung zum zweiten Gedanken)
Und eine dritte Person ergänzt: Eine Weise, deine Liebe zu zeigen, ist die praktische Zuwendung zu denen, die nicht für sich sorgen können. (Ausführung zum dritten Gedanken)
Und der nächste hat gehört: Ja, und hüte dich, diese scheinbar simplen Sätze zu unterschätzen und den, von dem sie stammen, und sie mit deinen Prinzipien zu ersetzen, die weniger Power haben. (Ausführung zum vierten Gedanken)
Und da ist noch jemand und der hat gehört: Ja, und überlege dir, ob du wirklich so Kluges sagst, bevor du sprichst. (Ausführung zum fünften Gedanken)

Seid barmherzig, das ist nicht nur aus dem Wochenspruch bekannt, das ist Programm bei Lukas. Weil Gott barmherzig ist, sollen wir das auch sein. Gott ist der Vater, der den verlorenen Sohn aufnimmt. Er will uns Ebenbildern zum Vorbild werden fürs Nachahmen in Gebet und im Almosen geben. So handelt der barmherzige Samariter.
Wir haben es mit dem Kern der lukanischen Botschaft zu tun, der bis heute relevant ist. Kurz zuvor war die Feindesliebe ein Höhepunkt im Evangelium. Sie ist Alleinstellungsmerkmal der Christ*innen, die noch lieb sind, wenn alle anderen aufgegeben haben. Die Jünger sollen sich Jesu Aufforderung und Vorbild zur Nächstenliebe unterordnen. Dieser Anspruch wird hier verständlich.

Möglicher Schluss
Wer sich einer Bewerbungssituation aussetzt, hat manches Mal Erfolg. Und auch aus Dates werden Partnerschaften. Trotz oder wegen des ersten optischen Eindrucks.
Sie wachsen mit Gottes Hilfe und Vorbild und in der großzügigen Rücksichtnahme auf den Nächsten.
Die Justitia, die ich an ein Bauwerk bauen würde, wäre umringt von

anderen, die ebenfalls Augenbinden und eine Waage auf dem Arm tragen und dabei auf der gleichen Stufe stehen. Es geht hier am Ende nicht um die gegenseitige Überbietungsleistung, sondern um die Geschwisterlichkeit und um die Gottesnähe. Amen.

Gestaltungsidee
Den Bibeltext mit mehreren Stimmen und entweder Vers für Vers oder in fünf Abschnitten lesen lassen.

Symbole, Aktionen
Einen Friedensgruß anbieten mit freundlichem Zuzwinkern oder einem Kompliment.

Kontexte und Tipps zum Text
Mal wieder das Märchen vom Hans im Glück durchlesen oder den Klassiker des amerikanischen Philosophen John Rawls, der vom Schleier des Nichtwissens spricht, aus dem heraus eine gerechte Gesellschaft entwickelt werden kann.

Rawls, John, Eine Theorie der Gerechtigkeit, 24. Auflage Berlin 2024 (Erstauflage 1979)

5. Sonntag nach Trinitatis
Mt 9,35–10,(2–4)5–10

Olaf Trenn und Sigrun Welke-Holtmann

Erste Begegnung mit dem Text

In der Rockoper ›Jesus Christ Superstar‹ (1971, Musik: Andrew Lloyd Webber, Lyrics: Tim Rice) gibt es eine Szene im Tempelbezirk, in der die Menge Jesus singend bedrängt und in die Enge treibt: »*See my eyes, I can hardly see. See me stand, I can hardly walk. I believe you can make me whole. See my tongue, I can hardly talk. See my skin, I'm a mass of blood. See my legs, I can hardly stand.*« Die Menschen wollen (von ihm) gesehen werden mit all dem, was sie beeinträchtigt, was ihr Leben hart macht und schwer. Und sie glauben: »*I believe, you can make me well*« und bitten ihn: »*Will you touch, will you mend me, Christ? Won't you touch, will you heal me, Christ? Will you kiss, you can cure me, Christ? Won't you kiss, won't you pay me, Christ?*«, bis es dem Superstar zu viel wird und er ihnen, erschöpft vom Wunderwirken, verzweifelt zuruft: »*There's too many of you, don't push me. There's too little of me, don't crowd me. Leave me alone!*« Time Rice legt der Titelfigur Worte in den Mund, die Matthäus in der Predigtperikope weniger dramatisch und dennoch eindrücklich formuliert und sein Jesus daraus die Konsequenzen zieht (Mt 9,37.38). Bei der Vielfalt der Themen, die dieser großzügig bemessene Predigttext bereithält, berührt mich beim ersten Lesen genau diese glaubhafte Gefühlswallung: Das Volk zu sehen, wie es sich ängstet und in seinen Ängsten zerstreut und vereinzelt wird, jammert Jesus. Er empfindet Mitleid, ist tief angerührt und sieht zugleich realistisch auf seinen menschlichen Kräftehaushalt und beschränkten Handlungsradius. Niemals wird es ihm in seiner irdischen Begrenztheit allein gelingen, allen Notleidenden gerecht zu werden. Er erschöpft sich im helfenden Handeln und trägt doch darin und darüber hinaus das Evangelium des herannahenden Gottesreichs in und mit sich. Er braucht kompetente Helfer:innen. Im Beten und im Tun des Gerechten.

Exegetische Skizze

Die Perikope aus dem Mtev ist dem 5. Sonntag nach Trinitatis zugeord-net, der unter dem Leitbild »Berufung und Nachfolge« steht. Die Frage, wie Nachfolge Jesu unter den Bedingungen einer (noch?) institutiona-lisierten verfassten Kirche aussehen kann, ist dabei nicht neu, sondern wird schon bei Mt greifbar. V. 35 fasst als Summarium Jesu Verkündigung zusammen und dies in Wiederholung von 4,23. Markiert der Vers hier den Neueinsatz, rechnet Luz ihn noch dem Komplex Kap. 8–9 als dessen Abschluss zu. Die Trias von Lehre (in der Synagoge), Verkündigung der frohen Botschaft und Heilung von Krankheit und Schwachheit ist Ausdruck von Jesu Wirken. Dabei werden Bezüge innerhalb des Ev. sichtbar. Erfolgte in der Berg-predigt Kap. 5-7 vor allem die Lehre, standen Heilungen in Kap. 8–9 im Mittelpunkt. Nun folgt in Kap. 10 die zweite längere Rede des Mtev, die sog. Aussendungs- oder Jüngerrede (Luz), die der Evangelist aus ver-schiedenen Quellen, im wesentlichen Mk und Q, komponiert. V. 36–37 bilden dabei eine spannungsvolle Einheit: V. 36 nimmt das Bild des Hirten bzw. der hirtenlosen Herde auf, wie es sich in verschiedenen Varianten im AT findet (vgl. dazu Wiefel 188). Jesu Erbarmen wird dabei akzentuiert. Die Rede von der Ernte V. 37 assoziiert hingegen eschato-logische Gerichtsrede, die eher Angst auslöst, statt zu trösten vermag. Mt löst diese Spannung nicht auf, sondern lässt beide Vorstellungen nebeneinanderstehen.

Ebenso unverbunden und nebeneinander finden sich die Bezeichnun-gen »Jünger« und »Apostel« für die Zwölf. Eine feststehende Verbin-dung zwischen Jünger-Apostel wie bei Lk scheint hier eher nicht zu bestehen, sondern die Apostel sind einfach die Gesandten Jesu.

Jesu Auftrag an die Jünger entspricht seiner eigenen Tätigkeit: Predigt der frohen Botschaft, die Ankündigung der nahen Gottesherrschaft sowie Wundertätigkeit, um Kranke und Schwache zu heilen. Für Mt gilt diese Beauftragung und Sendung der Jünger zunächst auf der Erzähle-bene und zugleich für die Situation der mt Gemeinde. Diese Gemeinde hat also Erfahrungen mit dem Phänomen des Wanderradikalismus, wie Gerd Theißen diese Bewegung genannt hat. Die Einbeziehung der Zwölf ins missionarische Wirken stellt also auch ein Modell für die nachösterliche Gemeinde dar. Die Wirksamkeit Jesu wird in die Zeit der Kirche hinein verlängert. Eine grundsätzliche Unterscheidung zwischen Wanderradikalen und sesshaften Christen lässt sich bei Mt nicht erkennen (vgl. Luz 73).

Eine weitere Spannung wird in diesem Abschnitt erkennbar: Jesu Sendung der Zwölf schließt ausdrücklich Heiden- und Samaritanermission aus, der Auftrag richtet sich nur an das Volk Israel, anders als am Ende des Ev. in den Worten des Auferstanden, dessen Auftrag sich an alle Völker richtet (28,18–20). Dieser Befund lässt sich durch verschiedene Ansätze erläutern: als Ausdehnung des Auftrags, bei der sich die Völker gleichsam um einen Kern, den das Volk Israel darstellt, scharen oder als Substitutionsannahme, bei der eine Heidenkirche an die Stelle einer Gemeinschaft aus dem Volk Israel tritt (vgl. die Diskussion bei Luz 92 f.).

Ein Textabschnitt, der über Sinn und Formen der Nachfolge nachzudenken aufgibt. Was kann Nachfolge in Wort und Tat bedeuten? Wie verhält es sich mit der schon damals vielleicht anstößigen Lebensform des Wanderradikalismus? Wie geht unsere Kirche mit dem Aspekt des Heilens bzw. evtl. auch Ausbleiben von Wundern um? Wird die Zuwendung zu Kranken und Schwachen im seelsorgerlichen und diakonischen Wirken der Kirche abgebildet? Worin liegt die missionarische Kraft von Kirche?

Literatur:
Ulrich Luz, Das Evangelium nach Matthäus, EKK I/2, 31999
Wolfgang Wiefel, Das Evangelium nach Matthäus, ThHK 1, 1998

Weg zur Predigt

Jemand bewirbt sich. Er ist zur rechten Zeit im Gebäude A erschienen. Dort empfängt man ihn freundlich und sagt zu ihm:»Es wird ein paar Minuten dauern, bis man sich um Sie kümmern kann. Aber Sie sollten schon mal ins Gebäude B hinübergehen. Vielleicht müssen Sie dort noch etwas warten, doch sollte es nicht allzu lange dauern.« Das klingt entspannt. Der Kandidat macht sich ruhig auf den Weg. Er weiß, er hat Zeit. Er wird in jedem Falle pünktlich sein.

Eine andere Person bewirbt sich. Auch sie ist zur rechten Zeit im Gebäude A erschienen. Dort sagt man ihr:»Die Kommission ist bereit für Sie. Bitte gehen Sie jetzt ins Gebäude B hinüber.« Das klingt normal.

Die Person macht sich zügig auf den Weg, schließlich wird sie bereits erwartet.

Noch jemand bewirbt sich. Auch er ist rechtzeitig vor Ort. Doch empfängt man ihn ungeduldig:»Sie sind spät dran. Man erwartet Sie bereits seit ein paar Minuten. Es ist höchste Zeit. Bitte begeben Sie sich unverzüglich ins Gebäude B.« Das klingt nach Stress. Der Kandidat eilt schnell hinüber; seine Chancen auf die Stelle sinken von Minute zu Minute.

Was keiner der drei und vieler weiterer Kandidaten und Kandidatinnen weiß: Alle nehmen sie an einem Test teil. Denn auf dem Weg zum Gebäude B werden sie einem offensichtlich hilfsbedürftigen Menschen begegnen. Der sitzt zusammengesunken vor einem nahe gelegenen Hauseingang. Sobald ein Kandidat vorbeikommt, hustet er zweimal und fängt an zu stöhnen. Wie viele werden anhalten, um ihm zu helfen? Und welche werden es sein, die mit oder die ohne Zeitdruck?

Das Ergebnis der Studie, die als ›das Samariterexperiment‹ bekannt wurde, überrascht nicht: Haben es die Kandidat:innen besonders eilig, hilft nur jede:r zehnte. Ohne Zeitdruck ist es fast jede:r zweite. Und unter denen, die entspannt zum anderen Gebäude hinüberschlendern, erkundigen sich noch mehr nach dem Hilfsbedürftigen. Die Berufsgruppe spielt dabei übrigens keine Rolle. Und bei den Nichthelfenden steckt keine böse Absicht dahinter. Sie hatten es einfach zu eilig. Ihnen war das Helfen schlicht nicht in den Sinn gekommen.

Die Forschungsgruppe schlussfolgerte: Es gibt keine typische Helferpersönlichkeit. Jede:r kann helfen. Es sind die äußeren Bedingungen einer Situation, die entscheiden, ob jemand hilft oder nicht. In diesem Falle war es die Zeit.

Vielleicht ist das eines der kleineren Geheimnisse um Jesus aus Nazareth: Er war jemand, der sich Zeit ließ, bewusst Zeit ließ, um sich anrühren zu lassen. Der wusste, dass sich das Reich der Himmel nicht schnell und schon gar nicht auf Druck herbeizerren lässt. Dass es Zeit braucht. Wie ein Sauerteig. Wie ein nahezu absichtsloses Schauen, das am Hilfsbedürftigen hängen bleibt und so lange dort verweilt, bis klar ist, was Not tut und wer im Einzelfall die kompetenteste Hilfe leisten kann. Und so lange leistet er erste Hilfe am Unfallort.

Predigtthema

Jesus lässt sich Zeit mit dem Reich Gottes; er schaut hin und hört zu.
So lässt er sich anrühren und kann helfen. Das können wir auch. So
wächst Gottes Reich mitten unter uns.

Vorschläge zur Liturgie

Psalm: Ps 73,1–3.8-10.23–26

Lesungen: Gen 12,1-4a; 1 Kor 1,18–25

Gebet
Gott, bei dir bleiben,
das fällt uns schwer,
wenn das Leben zum Rätsel wird,
wenn Leid alles in Frage stellt,
worauf wir uns verlassen haben,
wenn andere schnelle Lösungen anpreisen,
wo uns deine Hilfe ferne scheint.
Dennoch bei dir bleiben
gegen die Zweifel,
gegen den Zeitgeist,
gegen unsere Ungeduld –
das möchten wir versuchen.
Aber wenn wir damit scheitern,
dann bleib du
dennoch bei uns,
du, unser Gott.
Amen.
Agende 1 der Evangelischen Kirche der Pfalz, 2021,706

Lieder: EG 241 Wach auf, du Geist der ersten Zeugen; EG 313 Jesus, der
zu den Fischern lief; Berliner Lieder 33 Ein Mensch kam von Jerusalem;
Durch Hohes und Tiefes 177 Wenn das Brot, das wir teilen; Singt Jubi-
late 52 Du bist das Brot; EG 420 Brich mit dem Hungrigen dein Brot;
EG (Pfalz) 665 Wir haben Gottes Spuren festgestellt; Singt Jubilate 157
I, the Lord of sea and sky

Vorschlag zur Predigt

Möglicher Anfang

Da ging das Mädchen zu dem Brunnen zurück und wusste nicht, was es anfangen sollte; und in seiner Herzensangst sprang es in den Brunnen hinein, um die Spule zu holen. Es verlor die Besinnung, und als es erwachte und wieder zu sich selber kam, war es auf einer schönen Wiese, wo die Sonne schien und viel tausend Blumen standen. Auf dieser Wiese ging es fort und kam zu einem Backofen, der war voller Brot; das Brot aber rief:»Ach, zieh mich raus, zieh mich raus, sonst verbrenn ich: ich bin schon längst ausgebacken.« Da trat es herzu und holte mit dem Brotschieber alles nacheinander heraus. Danach ging es weiter und kam zu einem Baum, der hing voll Äpfel, und rief ihm zu:»Ach, schüttel mich, schüttel mich, wir Äpfel sind alle miteinander reif.« Da schüttelte es den Baum, dass die Äpfel fielen, als regneten sie, und schüttelte, bis keiner mehr oben war; und als es alle in einen Haufen zusammengelegt hatte, ging es wieder weiter.

Liebe Gemeinde, die Goldmarie aus dem Märchen »Frau Holle« der Gebrüder Grimm und Jesus, von dem uns der Evangelist Matthäus heute berichtet, sie empfinden und sie tun alle beide augenscheinlich dasselbe: Sie lassen sich anrühren von dem, was ihnen unterwegs begegnet und verstehen das, was ihnen begegnet, als Aufgabe, die keinen Aufschub duldet. Und sie übernehmen die Verantwortung dafür, obwohl sie eigentlich andere Ziele verfolgen.

Die Goldmarie kümmert sich um das ausgebackene Brot im Ofen und die reifen Früchte am Apfelbaum, obwohl sie doch eigentlich die Spule sucht, die ihr in den Brunnen gefallen ist. Und Jesus will die frohe Botschaft von seinem gnädigen Gott predigen und befindet sich schon bald inmitten kranker und orientierungsloser, wissensdurstiger und erlebnishungriger Menschen, die ihn mit ihren Wünschen und Fragen nach einem heilen und erfüllten Leben überschütten und so leicht nicht wieder davonkommen lassen.

»Und Jesus ging ringsum in alle Städte und Dörfer, lehrte in ihren Synagogen und predigte das Evangelium von dem Reich und heilte alle Krankheiten und alle Gebrechen. Und als er das Volk sah, jammerte es ihn; denn sie waren verschmachtet und zerstreut wie die Schafe, die keinen Hirten haben. Da sprach er zu seinen Jüngern: Die Ernte ist groß, aber wenige sind der Arbeiter. Darum bittet den Herrn der Ernte, dass er Arbeiter in seine Ernte sende.«

Life is, what happens to you, while you busy making other plans, hatte John Lennon gesungen (Beautiful Boy, 1980): Leben geschieht dir, während du damit beschäftigt bist, andere Pläne zu schmieden. Und die Fülle der Aufgaben springt und schreit dich buchstäblich an, wenn du achtsam durch die Welt gehst, anstatt hinter Scheuklappen eigene Ziele zu verfolgen.

Als hätte Jesus das Märchen von Frau Holle gekannt, verwendet er in großer Spannung zu der Situation des Mangels, der ihn umgibt, das Bild einer großen Ernte, die eher an goldgelbe Getreidefelder und überreich tragende Obstbäume erinnert als an ein verschmachtetes und zerstreutes Volk. Er gibt den Menschen, die ihm begegnen und ihn anrühren, mit dem Bild der Ernte ihren ureigenen Wert zurück und eine neue Würde. Menschen in Orientierungslosigkeit, Krankheit oder Armut: Jesus sieht sie trotz oder gerade in ihrer Bedürftigkeit als reichen Ernteschatz, der dringend eingeholt werden muss, damit er nicht verdirbt. Er sieht in ihnen wie die Goldmarie ein nahrhaftes Brot, das aus dem Ofen geholt werden muss, weil es seine Stimme erhebt und der Durchreisenden zuruft:»*Ach, zieh mich raus, zieh mich raus, sonst verbrenn ich: ich bin schon längst ausgebacken.*«

Und noch etwas beeindruckt an den beiden: Weder das Märchenmädchen noch der göttliche Wanderprediger entscheidet über den Kopf des Gegenübers hinweg, was ihm wohl fehlt und wie auf die Schnelle Abhilfe geschaffen werden kann. Die Bedürftigen werden nicht entmündigt nach dem Motto:»Ich weiß schon, was du brauchst. Halt still, ich mach das kurz klar für dich.« Die Menschen haben trotz und gerade aufgrund ihrer Bedürfnisse eine eigene Stimme und erheben sie.»Was willst du, dass ich für dich tun soll?«, fragt Jesus einmal einen Menschen, der erblindet ist.»Herr, dass ich sehen kann«, antwortet er (Lk 18,41). Wer, wenn nicht die Person, um die es geht, ist in der Lage zu beschreiben, was ihr weiterhilft?! Jesus hört auf sie und hilft mit dem, was ihm zur Verfügung steht. Helfen beginnt mit Achtsamkeit und einer Begegnung auf Augenhöhe.

Zum weiteren Verlauf

Beispiele für ein Besserwissen von Problemlagen gibt es reichlich: Der Zaun zwischen selbsternannten oder berufenen Wohltätern aus Wohlstandsnationen und den Empfängern von Entwicklungshilfen und anderen Subventionsprogrammen muss nicht nur viel durchlässiger werden, sondern auf die Dauer abgerissen werden, damit eine gleichberechtigte Verständigung in gegenseitiger Wertschätzung gelingt. Sonst bleiben die großen Schwellenländer auf der Schwelle und die Länder der Afrikanischen Union eben nur Zaungäste bei den weltweit wichtigsten Beratungen gegen Hunger, Krankheit und Klimawandel. Und ›White savior narrative‹ ist zum Schlagwort geworden für ein Muster, in dem People of Color in wirtschaftlich wenig entwickelten Ländern, die mehrheitlich nicht-weiß sind, keine Handlungsfähigkeit erhalten und als passive Empfänger weißen Wohlwollens angesehen werden. Gibt es (auf der Welt / in der Gemeinde) auch Beispiele für eine Nachfolge, die sich die Zeit nimmt, zuerst hinzuschauen, hinzuhören und sich berühren zu lassen ... und erst dann zusammen mit den Partner:innen vor Ort zu agieren?

»Da sprach Jesus zu seinen Jüngern: Die Ernte ist groß, aber wenige sind der Arbeiter. Darum bittet den Herrn der Ernte, dass er Arbeiter in seine Ernte sende. Und er rief seine zwölf Jünger zu sich und gab ihnen Macht über die unreinen Geister, dass sie die austrieben und heilten alle Krankheiten und alle Gebrechen.« Im Hören dieser Sätze stellen sich Fragen: Wie geht unsere Kirche mit dem Aspekt des Heilens bzw. evtl. auch Ausbleiben von Wundern um? Wird die Zuwendung zu Kranken und Schwachen im seelsorgerlichen und diakonischen Wirken der Kirche abgebildet? Worin liegt die missionarische Kraft von Kirche? Wie gehen wir heute mit unserem Mangel um? Bevor wir uns frustriert an dem Gedanken verbeißen, dass wir allesamt nicht die Gabe der Jünger Jesu besitzen, in göttlicher Vollmacht unreine Geister auszutreiben und alle jene Krankheiten und Gebrechen zu heilen, die uns während der Erntearbeit anschreien, ist es hilfreich, hinzuschauen, was Jesus hier als erstes tut, nachdem er sich von der Situation seines Volkes anrühren lässt, also noch bevor er seine zwölf Schüler in den Weinberg Israel entsendet, in dem sie dann auch Wunderbares leisten: »Die Ernte ist groß, aber wenige sind der Arbeiter. Bittet den Herrn der Ernte, dass er Arbeiter in seine Ernte sende«, lautet die Nachricht Jesu an die, die ihm folgen, bevor er selbst mit ihrer Aussendung beginnt. Hierin liegt zum einen die ernüchternde (und zugleich tröstliche!) Feststellung, dass es schon zu Jesu Zeiten und dann durch die ganze Kirchengeschichte hindurch immer eher wenige – vielleicht sogar viel zu wenige – Erntearbeiter gab. Das können wir beklagen und fragen, warum das so ist und woran das wohl liegt, und finden mit Sicherheit Schuldige dafür. Oder wir akzeptieren Jesu Feststellung, dass die Ernte groß ist und nur wenige mitarbeiten. Doch was die wenigen schaffen, hat durchaus das Potential zum Wundern. Und: Die Menschen, um die es bei der Ernte geht, sind nicht Schuldner, Lieferanten für Wohlstand, auch nicht Adressaten des Mitleids, an dem sich Helfende mit mildtätigen Gaben abarbeiten können und dürfen. Sie gehören Gott, sind seine gute Ernte, die ihm mehr bedeutet als die vermeintlichen Guttaten an ihnen. Er ist der Herr der Ernte und deshalb auch nicht aus der Pflicht zu nehmen, wie es um seine Ernte bestellt ist. Und in letzter Konsequenz trägt Gott die Verantwortung für das Volk und das Brot und die Äpfel – und für die Arbeitenden, die er sendet. Ihn sollen Jesu Jünger bitten, dass er Leute in die Ernte sende. Wer diese sind, wird der Herr der Ernte entscheiden, nicht wir. Mag sein, wir selbst sind viel zu schnell bei der Hand, uns als Erntearbeiter zu verdingen, ohne dass wir wirklich dazu ausgesandt worden wären – befähigt und kompetent. Andere sind vielleicht längst und im Geheimen am Werke. Wir sehen und hören sie nicht. Sie arbeiten im Verborgenen und an Orten, an denen keine Kirchen und Gemeindezentren stehen. Mag sein, uns fehlt es an Zeit, an Muße, an innerer Reife, an Gleichmut, Demut und Geduld. Da gibt es was zu tun, und sofort rufen wir diensteifrig: »Hier bin ich. Das mach ich!«, und merken gar nicht, dass wir selbst das ausgebackene Brot im Ofen oder der überreife Apfel am Baum sind, um die sich andere, berufenere als wir kümmern. Dann müssen wir das ›Gefallen lassen‹ üben und den Helfenden möglichst nicht noch im Wege stehen.

Möglicher Schluss

Selbst Jesus merkt zu Beginn der Perikope, dass er aufgeschmissen ist, wenn er daran festhält, einziger Adressat aller Fragen und Wünsche zu sein, die allein schon in seinem unmittelbaren Umfeld wahrzunehmen und zu befriedigen wären. Sich von Jesus anstiften zu lassen, mit ihm gemeinsam zu Gott zu beten, er möge Menschen entsenden, die auch den Bedürftigsten noch als Schatz, den Schwächsten als Frucht, den Verzweifelten als duftendes Brot wahrnehmen, das heißt in letzter Konsequenz, Jesus in seiner eigenen Bedürftigkeit zu erkennen, sich spätestens, als er ans Kreuz geht, von ihm anrühren zu lassen und zu jammern, weil er dort oben verschmachtet und scheinbar gottlos und brotlos stirbt ... und dennoch zur reichen Ernte geworden ist, die die Welt bis heute in Wort und Tat ernährt und jeden Tag gepflückt wird als reife Frucht, die uns und den vielen in den Schoß fällt oder aus dem Ofen muss als Brot des Lebens, das längst ausgebacken ist.

Gestaltungsidee

Vor der Predigt könnten kommentarlos zwei Filmszenen eingespielt werden: Die entsprechende aus einem Märchenfilm ›Frau Holle‹ (von 1961, 1963 oder 1985 – schauen, was passt) und die aus dem Spielfilm ›Jesus Christ Superstar‹ (USA 1973).

Carsten Schleef

Erste Begegnung mit dem Text

Was für ein Feuerwerk an Bildern (Säugling, lebendige Steine, geistliches Haus, kostbarer Eckstein, Fels des Ärgernisses), ansprechenden Wortkombinationen (vernünftige lautere Milch) und Ehrenbezeichnungen (auserwähltes Geschlecht, heilige Priesterschaft, königliches Priestertum, heiliges Volk, Volk zum Eigentum, Gottes Volk), mit denen der Briefschreiber die Adressaten bezeichnet. Was für eine Wertschätzung der Gemeinden spricht sich da aus! Und wie mag das auf sie gewirkt haben? Haben die Gemeinden damit etwas anfangen können? Oder reagierten sie in falscher Demut, indem sie die Ehrenbezeichnungen von sich wiesen? Gab es Gründe, ihnen Mut zuzusprechen? Waren die Umstände danach, dass ihr Selbstwertgefühl gesteigert werden musste? Was erfahren wir von der Selbsteinschätzung der Gemeinden? Welchen Anhalt an der realen Existenz der Hörer haben diese Auszeichnungen?

Exegetische Skizze

In der gegenwärtigen Forschung hat sich in der Frage der Verfasserschaft ein weitgehender pseudepigraphischer Konsens herausgebildet. Der 1. Petrusbrief wurde sehr wahrscheinlich im Zeitraum zwischen 80 und 100 n. Chr. aufgeschrieben. Die Adressierung des Briefes in 1 Petr 1,1 legt eine weite Verbreitung frühchristlicher Gemeinden in Kleinasien, dem Gebiet der heutigen Westtürkei, nahe. Dort leben die Christen »als Fremdlinge in der Zerstreuung«, in der Diaspora. Die pagane Umwelt ist »befremdet« (4,3 f.) über den alternativen Lebensstil der Christen und reagiert mit Stigmatisierung, Diffamierung, Schmähungen, Denunziation und Anzeigen (2,12.16.20; 3,13 f. 16 f.; 4,1.4.14 f. 19; 5,9 f.), die vom Briefschreiber verallgemeinert mit »mancherlei

Anfechtungen« umschreiben werden. Der Brief spiegelt ein Klima gesellschaftlicher Intoleranz und Exklusion wider. Dabei berichtet er »ausnahmslos von Bedingungen, die dem Glauben nicht entgegenkommen, sondern ihn schwierig machen.« (Brox, 32) Die christologische und ekklesiologische Bildsprache der Predigtperikope macht den »Ernst und die Konsequenz des Glaubens« deutlich. (Brox, 94) Vers 2: Das Bild vom begierig Milch trinkenden Säugling drückt die stete Angewiesenheit des Christen aus, hungrig und begierig nach der geistlichen Speise des Gotteswortes zu sein. Vorgestellt wird, dass der Glaube Nahrung braucht, um zum »Heil« zu wachsen.

Vers 3: Als Motivationsverstärkung verweist der Briefautor auf die bereits gemachte Erfahrung der Gläubigen. Die sinnliche Bildsprache (»ihr habt geschmeckt«) ruft die Vorstellung hervor, dass die Milch der lebendige Christus selbst ist (vgl. Abendmahl).

Verse 4–5: Die Aufforderung, bleibend die Lebensgemeinschaft mit Christus immer wieder neu zu aktivieren (»geht zu ihm«), wird fortgeführt in der Parallelität der singularen und pluralen Steinmetapher. Christologie und Ekklesiologie sind hier aufs Engste aufeinander bezogen. Die Christgläubigen »sollen sein, was er schon ist« (Brox, 97). Aber nicht in der Vielzahl von auf sich selbst bezogenen und isolierten Individuen, sondern im Zielgedanken des geordneten Aufbaus und Wachsens zum »geistlichen Haus«. Dieses Gemeindebild wird inhaltlich erweitert durch die Ehrenbezeichnung der »heiligen Priesterschaft«. Als solche lebt die Gemeinde ihren Glauben in ethischer Konsequenz und im Kontrast zu den Ungläubigen. Ein kultisches Verständnis der »Opferdarbringung« ist auszuschließen.

Verse 6–8: Die Steinmetapher wiederum wandelnd, führt der Autor in Aufnahme eines Schriftzitates das Bild vom »Eckstein« ein, der als der tragende Grund der Christengemeinschaft zu verstehen ist. Der »Wert« dieses Ecksteines liegt allein in der Erwählung Gottes. Weil die pagane Umwelt diese Zusammenhänge nicht (an)erkennt, wurde ihnen Christus zum »Stein des Anstoßes«. Die Auswirkungen dieses Unverständnisses erleben die Gläubigen als vielfältige Ablehnung im Alltag ihres Lebens.

Verse 9–10: Gleich einem Kaleidoskop fächert der Autor weitere kollektive Ehrenbezeichnungen auf, die im Bekenntnis münden: Die Kirche ist Volk Gottes (Brox, 103). Dabei schöpft er aus der jüdisch-biblischen

Tradition. Diese von Gott zugeeigneten Ehrentitel sind Beleg der bleibenden Wertschätzung Gottes gegenüber den angefochtenen Christengemeinden. Tendenzen einer Substitutionstheologie werde ich nicht folgen. Die Hoheit und Auserwähltheit der Kirche hängt an der Verbindung mit Israel und Jesus.

Literatur:
Norbert Brox, Der erste Petrusbrief, Evangelisch-Katholischer Kommentar zum Neuen Testament, 2. Aufl., Neukirchen-Vluyn 1989

Weg zur Predigt

Trotz der einleitenden Aufforderung (»seid hungrig«) und der Erinnerung an den Auftrag zur Verkündigung (»geistliche Opfer«) möchte ich den Zuspruch und damit den Verheißungscharakter stark machen. Teil von etwas Heiligem zu sein liegt allein begründet in den Prärogativen Gottes. Die aus der jüdisch-biblischen Tradition entlehnten Ehrentitel sind Ausdruck der zuvorkommenden Wertschätzung Gottes gegenüber den angefochtenen Gemeinden. Die Sprengkraft dieser Worte wird dann deutlich, wenn sie in Kontrast zu der Lebenswirklichkeit von Gemeinde damals und heute gesetzt werden.

Die Aussagen über die Gemeinde damals werden konsequent als Aussagen über die Gemeinde heute verstanden. Inhaltlich orientiert sich die Predigt nach der Weise einer Homilie am Gedankengang des Textes. Einleitende Fragen bilden das formale Strukturelement. Sie nehmen die Dynamik des Textes auf und schreiten den Weg des Wachsens zum Ziel (»Heil«) ab.

Predigtthema

Die zuvorkommende Wertschätzung Gottes gegenüber einer angefochtenen Kirche.

Vorschläge zur Liturgie

Gebet zum Eingang

Gott,
berufen hast du uns,
dein zu sein,
damit diese Welt Hoffnung habe.
Nimm uns an die Hand,
dass wir dein bleiben
und leben mit Jesus, dem Bruder im Heiligen Geist.
Amen.

nach Michael Meyer, Nachdenkliche Gebete im Gottesdienst, Göttingen 1996, 185

Fürbitten

Wir, Gott, dein Volk,
bei dir sind unsere Geschichten bewahrt;
unser Gelingen und unser Scheitern,
unsere Größe und unser Mickrigkeit.
In beidem haben wir erfahren,
dass du feststehst und treu bist, denen, die deinen Namen tragen.
Danke!

Wir, Gott, dein Volk,
bei dir gehören wir zusammen, alle, die deinen Namen anrufen;
die uns vertraut sind und die, von denen wir nichts wissen,
die wir mögen und die, die uns ein Ärgernis sind.

Wir, Gott, dein Volk,
wir legen uns dir ans Herz
mit denen, die wir nicht spüren ließen,
dass du sie liebst:
den Vereinsamten,
dass sie Worte hören,
die sie aus der Einsamkeit rufen;
die Verbitterten,
dass ihnen Worte gesagt werden,
die ihnen Mut zum Leben machen;
die Verängstigten,
dass ihnen Kraft geschenkt wird,
die sie aufrichtet.

Wir legen sie und uns dir ans Herz:
dein auserwähltes Geschlecht,
dein heiliges Volk,
das zu dir ruft:
Vaterunser ...

nach: Das neue Gottesdienstbuch, Gebete, Lesungen und Lieder für die Sonn- und
Feiertage des Kirchenjahres, 101, hg. von U. Kock-Blunk, Gütersloh 2001

Lieder: Durch Hohes und Tiefes 267 Denn Finsternis ist Licht bei dir;
Kommt, atmet auf 118 Du hast uns, Herr, gerufen, dein Eigentum zu
sein; EG 182,5 Ihr seid das Volk; EG 264 Die Kirche steht gegründet
allein auf Jesus Christ

Vorschlag zur Predigt

Möglicher Anfang

Liebe Gemeinde, liebe Hoheit!
Meine Anrede ist gewiss etwas merkwürdig und vielleicht klingt sie auch
altertümlich. Mit »Hoheit« werden doch für gewöhnlich nur hochgebo-
rene Adelige angeredet. Aber, wir haben richtig gehört. Heute morgen
werden wir als »Hoheit« angesprochen. Wir, als Ganzes, als Gemeinde,
als Kirche, darum: Liebe hoheitliche Gemeinde! Denn damit möchte
ich die Spur unseres Predigttextes aufnehmen. Der Verfasser dieses
kleinen Briefes – er selbst nennt sich Petrus – ist geradezu verschwen-
derisch in der Zueignung von Hoheitstiteln: auserwähltes Geschlecht,
heilige, königliche Priesterschaft, heiliges Volk, Gottes Volk. Ein Füll-
horn an Ehrenbezeichnungen, die er über die Gemeinden ausschüttet.
Und damit, wenn man so will, auch über unsere Gemeinde.
Was ist das für eine Wertschätzung, die uns da als Gemeinde zukommt.
Wir sind eine ganz normale Gemeinde, mit all unseren Ecken und Kanten, mit all den menschlichen Begrenzungen und Unvermögen, eben
eine ganz gewöhnliche Gemeinde, und doch werden wir geadelt. Nicht
von uns aus, nicht in unseren Augen, aber von Gott aus, in seinen
Augen. Er sieht uns in all unserer Gewöhnlichkeit mit liebenden Augen
an und wertschätzt uns als Gemeinde.

Zum weiteren Verlauf

Ich denke, das tut uns richtig gut. Denn wir sind, ehrlich gesagt, keine Hochglanzkirche. Die Situation ist eher von düsterer Depression gezeichnet. Das verunsichert und mindert unser Selbstwertgefühl als Gemeinschaft.

Im Folgenden wird die konkrete Lebenswirklichkeit von Kirche und Gemeinde in Anknüpfung und Explikation der Adressatenbezeichnung »an die auserwählten Fremdlinge« (1 Petr 1,1) beschrieben. Die Fremdlingsschaft ist kein Ausnahmefall, sondern gehört in spezifischer Weise zum Selbstverständnis der Kirche dazu.

Wie aber kommt nun Petrus zu solch einer Hochschätzung der Gemeinde?
Es fängt ja überraschend an. Da ist eine ziemliche Dynamik in dem Text. Zu Beginn werden wir angesprochen als Säuglinge und zum Schluss sind wir Könige und Priester innerhalb Volkes Gottes. Und das geht ziemlich schnell in nur 9 Versen. Am Anfang trinken wir Milch und am Ende verkündigen wir der Welt die großen Taten Gottes. Aber was geschieht dazwischen, zwischen Vers 2 und 9? Petrus schreibt: Jetzt gilt es zu wachsen, und zwar hin zur Rettung. Luther übersetzt das hier mit »Heil«. Das endgültige Heil ist gemeint, das ungetrübte, die unangefochtene Rettung. Wahrscheinlich hat Petrus als Jude das Wort Shalom im Hinterkopf. Das bedeutet Friede. Aber auch Heil-sein. Ganz-sein. Vollkommen-sein, im Einklang mit Gott sein. Das ist uns schon geschenkt, aber dahin dürfen wir noch wachsen, weil es immer wieder angefochten und umstritten ist. Also: wachsen zum Heil hin, zur Rettung.
Warum? Weil wir schon geschmeckt haben, dass der Herr freundlich ist (Vers 3).

Hier können konkrete Erfahrungen der »Freundlichkeit Gottes« aus dem Kontext der Gemeinde benannt werden.

Und wie soll das gehen? Indem wir »zu ihm hintreten« (Vers 4), schreibt Petrus. Aber das ist nun merkwürdig. Wir sind doch schon bei ihm. Wir haben doch schon seine Freundlichkeit geschmeckt. Wie und warum sollen wir denn jetzt noch hinzutreten?
Anscheinend ist dieses Hinzutreten nicht mit einem Mal getan. Offen-

bar muss man das immer wieder tun. Oder in einem ganz einfachen Bild gesagt: Geboren werden ist das eine und das geschieht nur einmal, täglich trinken – das ist das andere, das geschieht immer wieder. Also, immer wieder neu dürfen wir zu Jesus hinzutreten. Immer wieder die Wendung zu ihm hin vollziehen. Nicht weil wir eine von Grund auf neue Bekehrung bräuchten, aber wir brauchen immer wieder die neue Kontaktaufnahme zu Jesus. Die Hinwendung zu ihm. Die Einkehr, die Rückkehr. Auch aus einem geschäftigen Alltag mit all seinen Pflichten und Aufgaben. Das Stillewerden, das Gebet, das Singen im Chor, das seelsorgerliche Gespräch, die Einkehr, die Feier des Abendmahles. Alles ist ein Wachsen zum Heil.

Aber wozu? Was wächst da, wenn wir zu ihm hinkommen? Um das zu beschreiben, gebraucht Petrus drei Schlüsselbegriffe: das Haus, die Priesterschaft, das Volk. Und auffallenderweise sind alle drei Kollektivbegriffe.

Mit Haus ist nämlich nicht ein Gebäude gemeint, sondern die Gemeinschaft der Hausgenossen. Ebenso wie das Wort Priesterschaft. Das ist ein Kollegium von Menschen, die über einen gemeinsamen Dienst zusammengehören. Und Volk, Volk Gottes, das muss man nicht erklären, das ist eindeutig.

Das Bild vom Haus, das malt Petrus jetzt ausführlich aus. Dabei geht es ihm vor allen Dingen um das Fundament, um den Grund, auf dem dieser Bau errichtet wird, der Grund, auf dem wir stehen. Es geht um Jesus. Jesus ist der Grund, das Fundament. Jesus der Eckstein, der das ganze Haus trägt. Oder ohne Bild gesagt: Jesus ist zuverlässig. Jesus ist fest. Er ist unverrückbar. Jesus ist treu. Er trägt uns, uns alle, seine ganze Kirche. Sie ist auf diesem Fels gebaut, der Jesus ist.

Das ist aber kein statischer Bau. Eine Kirche kann niemals als Geröllhalde attraktiv und einladend sein, sondern eben nur als ein Bau von lebendigen Steinen, wo einer den anderen trägt und hält, wo man beieinanderbleibt, sich helfen lässt und einander hilft. Lasst euch erbauen! Das ist also ein dynamischer Vorgang, ein dynamischer Bau. Lebendige Steine haben Beine, aber sie gehen nicht auseinander, sondern kommen zusammen.

Zuletzt spricht Petrus von unserer Berufung als Gemeinde, als Volk Gottes.

Das geistliche Haus wird nicht zum Selbstzweck errichtet. Es hat eine Aufgabe. Es hat einen Auftrag. Verkündigen sollen wir, den Weg zum Licht zeigen. Und in dem Begriff Priesterschaft steckt noch mehr. Priester haben den Auftrag, für andere einzutreten. Sie stehen für die anderen vor Gott und sie stehen für Gott vor den anderen. Vor der ganzen Welt, vor seiner ganzen Schöpfung. Deshalb sind die Fürbitten, die wir im Gottesdienst sprechen, immer weltumspannend. Weil Gottes Heilsabsichten weltumspannend sind. Das geschieht auf dem Weg zum Heil. Auf das wir wachsen sollen. Eintreten für die Welt, verkündigen, Fürbitte halten für die Welt und füreinander. Gegründet auf dem Fels, der Jesus ist. Der unerschütterlich feststeht, egal was passiert.

Möglicher Schluss

Wir sollen wachsen, aber der Grund ist gelegt. Wir sind mit der ganzen Kirche das auserwählte Geschlecht. Wir sind mit der ganzen Kirche eine königliche Priesterschaft. Das sind wir! Das sind wir aber nur in der Verbundenheit mit Israel. Durch Jesus sind wir Teil des einen Volkes Gottes. Wir sind getauft. Wir gehören zur Gemeinde. Wir sind von Gott berufen. So haben wir als Kirche Teil an den Ehrentiteln Israels. Die Hoheit und Auserwähltheit der Gemeinde hängt an der Verbundenheit mit Israel. Und die Brücke dahin ist Jesus.

Wir machen Gott gewiss keine Ehre, wenn wir in falscher Demut abstreiten und sagen: So toll sind wir gar nicht. Denn es geht ja nicht darum, wie toll wir sind, wie wir uns sehen und wie wir geschaffen sind. Sondern um das, was Gott schafft, und dass er unsere Mitte ist und in seiner ganzen Kirche. Es schadet uns nicht, wenn uns einmal schwindlig wird über die Höhe, in die wir da gehoben werden. In einer königlichen Priesterschaft haben Minderwertigkeitsgefühle keinen Platz. Darum kommt hinzu, wie Petrus sagt: Trinkt – es gibt jetzt keine Milch, aber wir feiern das Abendmahl – trinkt, verkündigt und empfangt und geht – ihr werdet nachher auch einen Segen empfangen – und lasst euch erbauen zum geistlichen Haus. So werden wir das, was wir bei Gott schon sind, nämlich sein Volk.

7. Sonntag nach Trinitatis
Joh 6,30–35

Bettina Schwietering-Evers

Erste Begegnung mit dem Text

Aus der Mitte des johanneischen Brot-Kapitels mit seinen insgesamt 71 Versen klaubt eine geschickte Hand sechs Verse heraus und hält sie mir freundlich entgegen. Mein Hunger ist geweckt. Ein Stück krosse Kruste mitsamt zartweichem Innern, frisch duftend und kompetent ausgebacken. Das reicht dicke für eine Brotzeit unterwegs und macht zugleich Hunger auf mehr. Ich ertappe mich dabei, dass ich – auf den Appetit gekommen – das 6. Kapitel des Johannesevangeliums ein ums andere Mal in Gänze lese und sich meine Gedanken von Mal zu Mal mehr verwirren. Typisch Johannes, denke ich, der kann's nicht lassen, arbeitet die Geschichten und Gedankengänge, die Orte und Reden ineinander, durchwirkt sie mit Wasser vom Galiläischen Meer, knetet sie wie Brotteig, lässt dem Teigling viel Zeit zum Durchsäuern und Aufgehen und bietet am Ende einen ganzen runden Laib an – und eben keine dünnen Scheibchen.

Von ›Zeichen‹ ist schon früh die Rede (V. 2 – dort an Kranken), als Zeichen wird die Speisung der 5000 ›bezeichnet‹ (V. 14), Jesus selbst wird summarisch von Zeichen sprechen (V. 26) und währenddessen dem leiblichen Sattwerden mehr Gewicht beimessen als seinen sich doch eher beiläufig ereignenden Wundertaten. Erst kommt das Fressen, dann kommt die Moral. Kann man das den Jesus-Suchenden verübeln? Wohl kaum. Und selbst wenn ein voller Bauch nicht gerne studiert: Die Menschen kommen mit ihren Lebens- und Glaubensfragen eben gerade zu dem, der zuerst ihre existenzielle Not wahrnimmt, sich liebevoll und ganz pragmatisch ihrer annimmt und im Gottvertrauen an sie austeilt, was ein anderer (hier ein Knabe) zur Hand hat und freiwillig abgibt: Fünf Gerstenbrote und zwei Fische. Der Zeichen nicht genug, fragen die kurzfristig Gesättigten nach Zeichen, die an ihnen Glauben wirken (V. 30). Und damit beginnt die Predigtperikope und trägt ihr Thema bereits in sich: Gott kümmert sich um Existenzielles, um Lebensnotwendiges. Um die grundlegenden Bedürfnisse. Lässt Saat aufgehen, Früchte reifen, Fische ausschwärmen und Vieh sich vermehren. Gott ist kontinuierlich schöpferische Quelle des Lebens lange vor Glaubenstraditionen und Auslegungsgeschichte. Gerade auch in Jesus Christus: In und durch ihn geht es Gott zunächst und vor allem um konkrete, manifeste Hilfe in mitmenschlicher, notlindernder Tat. Und das immer im Hier und Heute. Schon weniges kann etwas bewirken. Menschenmögliches eben. Wer das versteht und mittut, liest die Gotteszeichen recht und isst und teilt das Vorhandene in Dankbarkeit. Sollte das die Botschaft des Ich-bin-Wortes vom Brot des Lebens sein? Schaut mich an, schaut auf das, was ich tue: Für euch und mit euch und durch euch. Denn all das (und nur das) dient dem Leben in seinem ureigentlichen Sinne, ist Zeichen für erfüllendes, weil geteiltes und überfließend ausgeteiltes Zusammenleben, achtsames Zusammengehören und (so verstanden) rechter Gottesdienst.

Exegetische Skizze

Die vorliegende Perikope zum sog. Abendmahlssonntag am 7. Sonntag nach Trinitatis stammt aus der johanneischen Brotrede Joh 6; die Abgrenzung des Textes lässt sich vertreten, zumal V. 35 mit einem Ich-bin-Wort als Höhepunkt abschließt.

Zu Beginn wird Jesus in V. 30 zu einer Zeichenhandlung aufgefordert. Die nicht näher beschriebene Menge verweist als Beispiel auf die Speisung mit Manna in der Wüste (vgl. Ex 16) und qualifiziert dieses als »Brot vom Himmel«. Jesu Antwort hingegen gerät geradezu polemisch, indem sie das Manna abwertet: Brot vom Himmel kommt allein vom Vater, also von Gott selbst, nicht aber von Mose. Diese Heilsqualität, »Leben« zu spenden, kann bzw. konnte das Manna folglich nicht haben.

Solche Relativierung findet sich schon im AT selbst, wenn es in Dtn 8,3 heißt, dass Sättigung nicht allein durch Brot erfolgt, sondern durch das Wort aus dem Munde Gottes. Hier ist bereits eine Überführung der Mannatradition ins Spirituelle zu greifen.

Es geht im Dialog Jesu mit der Menge jedenfalls um Leben, um ewiges Leben. Solches verlangt die Menge in V. 34. Die Antwort Jesu bringt eine christologische Zuspitzung durch das erste Ich-bin-Wort im Johev: »Ich bin das Brot des Lebens.« (V. 35a) Damit werden Gabe und Spender miteinander identifiziert und in eins gesetzt. Jesus ist Heilsgeber und Gabe in seiner Person.

Die Thematik des Hungerns und Dürstens (V. 35b) findet sich ebenfalls in Sir 24,21f. mit sehr ähnlichen Worten in Bezug auf die Weisheit. Wie auch an anderen Stellen hat der Evangelist hier Weisheitstradition aufgenommen und christologisch gewendet. Jesus selbst ist das Leben. »In der Gabe des Lebensbrotes teilt Jesus sich selbst mit.« (Schnelle 123) Es bleibt die Frage, was der Begriff »Leben« im Johev eigentlich meint. Leben als einer der Schlüsselbegriffe im Johev bezeichnet dabei durchweg das, was in der christlichen Tradition »ewiges Leben« genannt wird, wobei der zeitliche Aspekt eines unendlichen, nie aufhörenden Lebens eher in den Hintergrund tritt. Dietzfelbinger formuliert es so: »Das johanneische »Leben« spricht also den Hörer auf das in ihn wie in jeden Menschen gelegte Lebensverlangen an, das auf Erfüllung aus ist, und mit allen Möglichkeiten seines Tuns sucht der Mensch jene Erfüllung zu gewinnen.« (Dietzfelbinger 348, vgl. seinen Exkurs 348–350).

Jesus ist, bringt und gibt Leben in diesem vollumfänglichen qualifizierten Sinn, auch jetzt schon unter den Bedingungen dieser Welt. Die feiernde christliche Gemeinde kann daran jetzt schon Anteil haben, wenn sie miteinander im Hier und im Jetzt Abendmahl feiert.

Im Abendmahl kommen die verschiedenen Bedürfnisse nach Sättigung des leiblichen und geistlichen Hungers, nach Stillung des Durstes nach Gerechtigkeit, nach Vergebung von Schuld und nach Erfahrung von Gemeinschaft zusammen. Das Brot des Lebens hat dabei einen konkreten leiblichen, aber eben auch einen seelisch-spirituellen Aspekt.

Literatur:
Christian Dietzfelbinger, Das Evangelium nach Johannes, ZBK.NT 4.1, ²2004
Udo Schnelle, Das Evangelium nach Johannes, ThHK 4, ²2000

Weg zur Predigt

Auf dem Weg zur Predigt fällt mir Stephen Coveys Buch »Seven Habits of Highly Effektive People« in die Hände. Darin beschreibt er einen von ihm so genannten »Circle of Influence«. Der besteht aus drei konzentrischen Kreisen, einem äußeren, dem »Circle of Concern«, einem inneren »Circle of Control« und einem mittleren, der dem Modell den Namen gab: »Circle of Influence«. Mit diesem konzentrischen Kreis-Modell will Covey eine Methode eröffnen, um die eigene Selbstwirksamkeit einschätzen zu können und diese wo möglich zu steigern. Seine Ausgangsfrage ist: Wie viel Zeit verbringst du in welchem der drei Kreise?

Ist es der Circle of Concern (der Sorge), also all dessen, was mich, was uns alle betrifft, jedoch niemand von uns beeinflussen kann? Das, worüber wir alle gerne reden und uns ggf. beschweren, ohne es ändern zu können: die Sportergebnisse, das Wetter, der Stau auf der A9, das Erstarken der machtbesessenen Despoten und des Rechtspopulismus, der russische Angriffskrieg gegen die Ukraine, Terror und Vergeltung in Nah-Ost. Das, worüber wir Bürger:innen/Christ:innen in Deutschland keinerlei direkte und wo möglich nicht einmal indirekte Kontrolle haben. Coveys nüchterne Erkenntnis: Der Circle of Concern macht uns sich darin Bewegende zu Opfern allgemeiner Umstände, lässt uns ermattet und lahm im über uns hinwegrollenden Weltgeschehen zurück. Was lässt sich schon mit fünf Gerstenbroten und zwei Fischen unternehmen gegen den Hunger der 5000?

Oder ziehen wir uns stattdessen in den inneren »Circle of Control« (Kontrolle) zurück, überlegen und verantworten allein den allernächsten Schritt, der allein zu kontrollieren möglich ist? Das wäre nur allzu verständlich. Jedoch ist mit dem ersten Schritt längst noch nichts erreicht. Ihm muss ein zweiter, ein dritter, müssen viele Schritte folgen, um Erfolg in bescheidenem Maße zu haben: gesünder zu leben, sozialer zu agieren, mit dem Rauchen aufzuhören, abzunehmen ... Das hat auch Verzweiflungspotential: Ich starte eine Initiative, und niemand ist begeistert, niemand unterstützt mich ... Und – hast du es nicht gesehen, landest du wieder im äußersten der Kreise, dem Circle of Concern, gibst auf, hat ja doch alles keinen Sinn. Da behalte ich die fünf Brote und die beiden Fischlein lieber für mich.

Der mittlere Circle of Influence (Einfluss) ist eher eine proaktive Haltung als ein beständiges Abarbeiten an mir und der Welt. Er findet im ›Dazwischen‹ statt: in der Kommunikation mit Gleichgesinnten und noch zu gewinnenden Mitmenschen, im Werben und im sich Engagieren dort, wo andere bereits damit begonnen haben, die Welt zu ihrem Guten zu verändern. Ich erlebe dich und mich als einflussreich im Spinnen von Ideen, im Produzieren von längst noch nicht markttauglichen Prototypen, im einander Herausrufen, Inspirieren – halt in dem, was du und ich machen können, ohne gleich zu verzweifeln: Bekannte anrufen, Nachbarn einladen, sich einer gemeinnützigen Initiative, einer Gemeindeaktivität anschließen. Im Circle of Influence behandeln wir uns und unsere Mitmenschen so, als wären sie wie wir selbst proaktiv. Nein, das ist nicht sofort mit Erfolg gekrönt. Im Circle of Influence öffnen sich jedoch etwas eher freie Gestaltungsräume tätiger Hoffnung, tätiger Liebe, tätigen Glaubens. Wir beteiligen uns nach dem Maß unserer Möglichkeiten, probieren etwas aus, stiften zu etwas an und rechnen damit, dass ein paar Körnchen Einfluss auf guten Boden fallen und vielfache Frucht bringen – oder eben die paar Brote und Fische in Jesu Händen mehr sind als die Summe ihrer einzelnen Teile.

Predigtthema

Heute, jetzt – das ist unser Leben. Gott gibt jetzt, gibt heute, in der Gegenwart. Jetzt ist der Moment, den ich lebe und den ich gestalten kann. Morgen gehört heute schon zum Gestern. Sehen und schmecken wir, wie freundlich es Gott mit uns meint.

Vorschläge zur Liturgie

Einleitung: Ein Spötter soll dem Kirchenvater Hieronymus einst vorgerechnet haben, dass Jesus auf der Hochzeit zu Kana über 300 Liter Wasser in allerbesten Wein verwandelt habe, obwohl die Hochzeitsgesellschaft schon ziemlich viel getrunken habe. Hämisch hat er dann den Kirchenlehrer gefragt, ob die Hochzeitsgesellschaft diese ungeheure Menge dann wohl ganz ausgetrunken habe.
Darauf hat Hieronymus dem Spötter ganz ruhig geantwortet: »Nein, wir trinken heute noch davon!«

Es ist uns reichlich gegeben und wir essen und trinken noch heute davon. Am Tisch des Herrn kommen wir zusammen und alle werden satt.

So seid ihr nun nicht mehr Gäste und Fremdlinge, sondern Mitbürger der Heiligen und Gottes Hausgenossen.

(Eph 2,19)

Psalm: Ps 107

Eingangsgebet
Barmherziger Gott,
du hast uns bis hierher unser tägliches Brot gegeben.
Heute essen und trinken wir zusammen und erinnern uns,
was wir von dir empfangen haben.
Dank sei dir für alles Gute, das du in deine Schöpfung legst.
Vergib uns unsere Schuld, die über deine liebende Fülle hinwegsieht.
Befreie uns von kleinlichem Sorgen und unnötigem Geiz.
Belebe unsere Herzen hinein in die Gemeinschaft der vielen.
Hilf uns, hilf allen deinen Menschenkindern
zu einem guten Leben und dereinst zu seligem Sterben
durch unseren Bruder Jesus Christus, deinen Sohn,
der mit dir und dem Heiligen Geist
lebt und regiert von Ewigkeit zu Ewigkeit.
Amen.

Fürbitte
Jesus Christus, Brot des Lebens,
groß ist der Hunger nach Brot.
Menschen hungern, Kinder sterben,
bevor sie diese Welt entdeckt haben.
Gerechte verzweifeln, bevor sie die Welt verbessern können.
Du bist das Brot in unseren Händen,
teile dich aus durch uns und alle Menschen guten Willens,
und Kinder leben, Flüchtende finden Heimat,
Gerechte bewahren sich ihren Mut.

Groß ist der Hunger nach Frieden.
Die Kriege enden nicht. Die Verzweiflung wächst.

Du bist der Friede, der die Welt verwandelt.
Schaffe dir Raum in den Herzen der Mächtigen,
in unseren Herzen, in Kindern und Jugendlichen,
in Planungen der Strategen, Träumen und Visionen.
durch den Mut derer, die Frieden stiften.

Groß ist der Hunger nach Einheit.
Religionen, Nationen und Gesellschaften sind gespalten.
Hass nistet sich ein in den Köpfen der Menschen.
Wer Brücken baut, wird verspottet.
Du bist das Brot, das aus vielen Körnern entsteht.
Vereine die, die einander bekämpfen.
Führe Streitende zusammen.
Bestärke die, die Zusammenhalt fördern.

Groß ist der Hunger und groß unsere Sehnsucht.
Groß ist der Hunger und groß unsere Hoffnung.
Groß ist der Hunger und groß unser Vertrauen zu dir.
Jesus Christus, Brot des Lebens, Zeichen ewigen Lebens,
schau auf uns, schenke neues Leben
und halte die Sehnsucht in uns wach. Amen.

Lieder: EG 438,1–2.5–6 Der Tag bricht an und zeiget sich; EG 228 Er ist
das Brot; EG 502 Nun preiset alle Gottes Barmherzigkeit; EG 464 Herr,
gib uns unser täglich Brot; EG 221 Das sollt ihr, Jesu Jünger, nie vergessen; EG 157 Lass mich dein sein und bleiben

Vorschlag zur Predigt

Möglicher Anfang
(Gänsehaut im Sommer)
Eine Tageswanderung liegt hinter dem jungen Paar. Genug Wasser hatten sie mit, aber ein Butterbrot wäre jetzt gut. Oder eine kleine Suppe,
ein Fischbrötchen, ein Kaffee mit einem Stück Kuchen? Der Magen
knurrt, und der Reiseführer empfiehlt ein »Café zum Auftanken und
die Seele baumeln lassen« mit dem schönen Namen: Lichthof.
Sie sitzen in einem Meer aus Blumen in einem Bauerngarten, und

Kuchen und Torte sind köstlich. Man bestellt am Gartentisch, doch zur Bezahlung geht man hinein.

Dort sitzt die Chefin – ganz in Schwarz gekleidet – am Tisch und schaut die Gäste mit ebenfalls schwarz geschminkten Augen unter offensichtlich schwarz gefärbtem Haar freundlich an. Leise Entspannungsmusik tönt aus den dezent aufgestellten Lautsprechern. Sie kommen ins Gespräch. Die junge Frau bedankt sich für den leckeren Kuchen und den wunderbaren Gartenplatz, kauft ein Büchlein mit Rezepten und bezahlt die Rechnung.

Zum Abschied gibt die Chefin ihr die Hand, schaut ihr sehr ruhig und sehr tief in die Augen und sagt: Ich wünsche ihnen ein schönes Heute! Die junge Frau bekommt eine Gänsehaut. Mitten im Sommer.

Es ist das Heute, auf das es ankommt. Heute ist der Moment, den ich lebe und den ich gestalten kann. Morgen gehört heute schon zum Gestern und wird unversehens Teil meines Lebens. Ich kann nichts rausradieren aus dem Gestern. Alles bislang Erlebte ist und bleibt Teil meiner Lebenszeit.

Ein schönes Heute. Das ist es.
Heute, jetzt – das ist mein Leben.

Nicht Mose hat euch das Brot vom Himmel gegeben, sondern mein Vater gibt euch das wahre Brot vom Himmel.

Mose *hat* gegeben.
Gott *gibt jetzt!*
Gott gibt jetzt, heute, in der Gegenwart.

Zum weiteren Verlauf
(Wovon der Mensch lebt)
»Ihr Herrn, die ihr uns lehrt, wie man brav leben,
und Sünd und Missetat vermeiden kann,
zuerst müsst ihr uns was zu fressen geben,
dann könnt ihr reden, damit fängt es an.
Ihr, die ihr euren Wanst und unsre Bravheit liebt,
das eine wisset ein für allemal:
Wie ihr es immer dreht, und wie ihr's immer schiebt,

erst kommt das Fressen, dann kommt die Moral.
Erst muss es möglich sein auch armen Leuten,
vom großen Brotlaib sich ihr Teil zu schneiden.«

Bertolt Brecht, Dreigroschenoper, Macheath, gefürchtet als Mackie Messer, in seiner Ballade über die Frage: Wovon lebt der Mensch?
»Der Mensch lebt nicht vom Brot allein, sondern von einem jeglichen Wort, das aus dem Munde Gottes geht.« (Mt 4,4)
So antwortet Jesus dem Teufel, als der ihm rät, aus Steinen Brot zu machen. Und den Vers hat sich Jesus nicht mal selber ausgedacht. Er zitiert das 5. Buch Mose (8,3).

Und das ruft nun wieder Bertolt Brecht auf den Plan. »*Wie ihr es immer dreht, und wie ihr's immer schiebt, erst kommt das Fressen, dann kommt die Moral. Erst muss es möglich sein auch armen Leuten, vom großen Brotlaib sich ihr Teil zu schneiden.*«

Und so drehen sich die drei lustig im Kreis:
Brot – Moral – Wort Gottes.
Moral – Wort Gottes – Brot.
Was ist Ihre liebste Reihenfolge, liebe Gemeinde?

(Gänsehaut in der Osternacht)
Am Karsamstag wird das Osterfeuer entzündet, Menschen stehen im Schein des Feuers, reden leise oder schauen schweigend in die züngelnden Flammen. Später wird an diesen Flammen die Osterkerze entzündet und mit Gesängen und Lesungen in die dunkle Kirche getragen. Dann ertönt der Ruf »Der Herr ist auferstanden!« und das Licht der einen großen Osterkerze wird auf die vielen kleinen Kerzen im Kirchraum verteilt.
Langsam wird es heller und heller in der Kirche. Und nun intoniert die Orgel einen Osterchoral, und wie erlöst stimmt die Gemeinde mit Gesang ein: »Christ ist erstanden, von der Marter alle, des solln wir alle froh sein, Christ will unser Trost sein.«
Nun gibt es Osterbrot und Wein und Saft. Die Kirche ist voller Menschen, es wird reichlich gegessen und getrunken, die Atmosphäre ist unvergesslich. Jahr für Jahr.

(Eigene Erfahrung in der Osternacht)
Jahr für Jahr freue ich mich auf diesen Moment. Für mich persönlich beginnt er ein paar Stunden früher. Dann nämlich, wenn ich am Karsamstag ein Osterbrot backe. Ich fühle den weichen Hefeteig in den Händen, flechte den Zopf – und weiß, dass in mehreren anderen Küchen der Gemeinde Menschen genau dieses auch gerade tun: Sie backen ein Osterbrot. Für die Osternacht.
Später werden wir es gemeinsam mit vielen anderen essen. Und wir werden den Moment genießen, wenn wir uns – in der einen Hand unsere kleine Osterkerze, in der anderen Hand das frische Osterbrot – »Frohe Ostern« zusprechen.

Jetzt ist der Moment, den ich lebe und den ich gestalten kann. Morgen gehört heute schon zum Gestern.
Ein schönes Heute. Das ist es.
Heute, jetzt – das ist unser Leben.

Möglicher Schluss

(Ein Zopf aus drei Strängen)
In Wahrheit ist ein Osterbrot ein Hefezopf aus drei Strängen. Sorgsam geflochten und mit verquirltem Eigelb bestrichen, so dass er glänzt wie die Auferstehungssonne am Ostermorgen.
Denn jetzt kommt Johannes ins Spiel. Und die Brot-Rede, die er Jesus in den Mund legt. Mitsamt dem ersten der insgesamt sieben Ich-bin-Worte.
Ich bin das Brot des Lebens.

Der erste Strang – ein Drittel des Laibs:
Brot aus dem Backofen, in diesem Fall: Milch, Butter, Zucker, Mehl, Hefe und eine Prise Salz. Unverfälschtes, nahrhaftes, gesundes, sattmachendes Brot. Ohne Zusatz- und Konservierungsstoffe. Rein, saftig, duftend.
Jesus hat – so berichtet es das Evangelium – vor dem Predigttext Brot geteilt. Ein Kind hat es ihm gegeben. Und er hat es genommen und die Leute satt gemacht. Wohlig satt. Alle waren es zufrieden.
Der erste Strang – irdisches Satt-mach-Brot. Ein Drittel des Laibs – eben nur und immerhin.

Der zweite Strang – ein weiteres Drittel des Laibs:
Brot vom Himmel: Manna sagen die Alten dazu und fügen hinzu, dass es von Gott kommt, vom unsichtbar, allgegenwärtig mitziehenden Gott, der es in der Wüste mit uns Hungernden und Durstenden aushält und mit uns auf die Suche geht nach Nahrung aus harzigen Pflanzen und erschöpften Vögeln. Und dann verwandelt sich das Manna in unserem Mund und in unserer Tradition zu himmlischer Speise, zur Tora, zu Gottes Wort und Weisung, so sagen sie, die Alten. Gebote-Brot vom Himmel für ein mitmenschliches Miteinander und ein Miteinander mit Gott, dem Lebendigen. Das ist weit mehr als Moral – doch eben auch: Du sollst nicht ... Du brauchst nicht ... Ja, du musst gar nicht mehr: stehlen, töten, übel nachreden, an dich reißen, was andere benötigen.
Der zweite Strang – himmlisches Wort-Gottes-Brot. Ein Drittel des Laibs – eben nur und immerhin.

Und nun kommt Jesus und flicht einen dritten Strang hinzu.
Er selbst windet sich mitten hinein in menschlichen Hunger und himmlische Weisung. Er legt sich über Kreuz mit Lebensnot und Wendigem.
Ich bin in, mit und unter eurer Speise,
bin lautere Milch, bin Butter, Zucker und Salz,
ich bin die Hefe und das Mehl,
bin Korn und Ähre,
also rauft und mahlt mich,
backt mich aus, esst mich.
So schreie ich im Ofen von Frau Holle.
Ich bin längst ausgebacken für euch.

Denn ich bin ein Sattmacher und ein Hungrighalter. Wer zu mir kommt, den wird nicht hungern; und wer an mich glaubt, den wird nimmermehr dürsten.
Und wer zu mir kommt, den wird hungern; und wer an mich glaubt, den wird dürsten: nach Gerechtigkeit und Frieden und Heil für Mensch und Natur.
Denn es stimmt ja immer beides. Jesus macht satt – mehr geht nicht.
Mehr bekommen wir nicht von Gott in die Ohren, zwischen Finger und Zähne, in Körper und Seele, Kreislauf und Gedanken.

Und Jesus hält hungrig – da geht noch was: Ja, wir müssen gegen diesen Wahnsinn ankämpfen, den manche Herren der Welt verzapfen und die Benebelten, die ihnen folgen.

»Ihr Herrn, die ihr uns lehrt, wie man brav leben, und Sünd und Missetat vermeiden kann, zuerst müsst ihr uns was zu fressen geben, dann könnt ihr reden, damit fängt es an. Ihr, die ihr euren Wanst und unsre Bravheit liebt, das eine wisset ein für allemal: Wie ihr es immer dreht, und wie ihr's immer schiebt, erst kommt das Fressen, dann kommt die Moral. Erst muss es möglich sein auch armen Leuten, vom großen Brotlaib sich ihr Teil zu schneiden.«

Arme und Reiche – auch manche Reiche sind arm, und manche Arme sind reich, alle sollen sich eine dicke Scheibe abschneiden vom dreifach geflochtenen Osterbrot aus irdischem Brot und himmlischem Brot und Christus selbst, geboren, gelitten, gestorben, hinabgestiegen, auferstanden, bei uns in Taufe und Mahl, Lehre und Leben, Sterben und Auferstehen.

Noch eins, Ihr Lieben, windet den Osterzopf nicht auseinander. Sortiert ihn nicht nach Strängen. Mäkelt nicht an dem einen, knabbert nicht lustlos an dem andern. Wertet den einen Strang nicht ab und einen anderen nicht künstlich auf. Schneidet euch eine dicke, ganze Scheibe ab. Nur zusammen sind die drei Stränge Brot des Lebens, nur zusammen entfalten sie Würde und Würze, Geschmack und Gnade.

Und jetzt sehet und schmecket, wie freundlich der Herr ist.
Es ist ein schönes Heute. Ja, das ist es.
Heute, jetzt – das ist unser Leben.
Gesegnete Mahlzeit
und guten Appetit!

8. Sonntag nach Trinitatis
Jes 2,1–5

Anja Angela Diesel

Erste Begegnung mit dem Text

Viele Male ist mir der Text Jes 2,1–5 begegnet. Den größten Nachhall hat immer wieder der Vers 4b, weil er an eine tiefe Sehnsucht rührt. Die Sehnsucht nach Frieden. Sie ist in den letzten Jahren in mir, wie vermutlich in vielen Menschen, stark gewachsen. Der Text spricht an gegen das Gefühl von Ohnmacht und Hoffnungslosigkeit mit Blick auf Friedenschancen: Man lernt Krieg, deshalb kann man ihn auch verlernen oder eben gar nicht erst lernen. Das wäre gut! Und wenn man Krieg lernt, kann man auch Frieden lernen. Weder Krieg noch Frieden verstehen sich von selbst, sie sind jeweils das Ergebnis von Lern- und Bildungsprozessen. Dazu passen in Vers 3 die Stichworte »lehren« und »Tora« als Weisung mit Blick auf die Wege, die zu gehen sind. Der Lehrplan zum Krieg und der Lehrplan zum Frieden sind Teil unserer Gegenwart. Wo Krieg herrscht, haben die Heranwachsenden in der Regel keine Chance, den Krieg nicht zu lernen. Im Gegenteil! Umgekehrt ist Friedenspädagogik bei uns ein wichtiger Bestandteil schulischer Bildung, auch gerade im Religionsunterricht, wie in außerschulischer Bildung. Das Wort »Friede« fällt im Text nicht. Seinen Platz füllt das Bild vom Umschmieden des Kriegsgerätes in solches Gerät, das zum Ackerbau taugt. Das Bild, das vor meinem inneren Auge entsteht, zeigt keinen aus Raum und Zeit gefallenen Zustand, sondern einen Raum, der sich Menschen für das Tun des Lebensnotwendigen öffnet. Sehr deutlich höre ich bei der jetzigen Begegnung mit dem Text, dass es eine wichtige Voraussetzung dafür gibt, dass die Völker und Nationen bereit sind, ihre Waffen zu agrarischen Werkzeugen umzuschmieden: Zuvor wird gerichtet, ins Recht gesetzt, zum Recht verholfen. Gerechtigkeit als Basis, auf der Frieden gedeihen kann.

Noch eine ganz andere Assoziation weckt der Aufruf »Geht, wir wollen hinaufsteigen zum Berg Jahwes« bei mir: In die Geschichte, die den

Weg hin zu einem demokratischen Europa nachzeichnet, gehört auch das Hambacher Fest von 1832. Das Hambacher Schloss in der Nähe von Neustadt an der Weinstraße in Rheinland-Pfalz gelegen war 1832 der Schauplatz dieses Festes, zu dem etwa 30.000 Menschen auf den Schlossberg zogen, um politischen, wirtschaftlichen und sozialen Forderungen Nachdruck zu verleihen. »Auf, auf zum Schloss!« ist heute der Titel einer Dauerausstellung vor Ort (https://hambacher-schloss. de/entdecken/hambacher-fest). Den Zug der vielen Teilnehmenden hielt 1832 Erhard Joseph Brenzinger in einer Lithographie fest (https:// rlp.museum-digital.de/object/6712).

Exegetische Skizze

Vgl. zum Folgenden (Bezugnahmen werden nur bei Zitaten im Einzelnen ausgewiesen):
Berges, Ulrich / Beuken, Willem, Das Buch Jesaja. Eine Einführung, Göttingen, Bristol 2016
Dyma, Oliver, Art. Völkerwallfahrt/Völkerkampf, in: Das Wissenschaftliche Bibellexikon im Internet (www.wibilex.de), 2013
Kaiser, Otto, Der Prophet Jesaja. Kapitel 1–12, 2. Aufl., Göttingen 1963
Koenen, Klaus, Art. Schwerter zu Pflugscharen, in: Das Wissenschaftliche Bibellexikon im Internet (www.wibilex.de), 2006
Paganini, Simone / Giercke-Ungermann, Annett, Art. Zion/Zionstheologie, in: Das Wissenschaftliche Bibellexikon im Internet (www.wibilex. de), 2013
Wildenberger, Hans, Jesaja. 1. Teilband Jesaja 1–12 (BKAT X), 2. Verbesserte Auflage, Neukirchen-Vluyn 1980

Das Auftreten des Propheten Jesaja kann aufgrund der Bezugnahmen auf bestimmte geschichtliche Gegebenheiten und Ereignisse innerhalb der Kapitel 1–39 etwa in die Zeit von 740–701 v. Chr. datiert werden, der Grundbestand der Kapitel 1–39 (Protojesaja) damit ins 8. Jahrhundert v. Chr. Wie in anderen prophetischen Schriften auch, ist an etlichen Stellen mit späteren Ergänzungen und Einfügungen (Stichwort: prophetische Prophetenauslegung) zu rechnen, zu denen auch Jes 2,1 und Jes 2,2–5 zählen dürften.
Jes 2,1 ist nach Jes 1,1 eine erneute Überschrift, die vermutlich nicht

allein 2,2–5 einleitet, sondern am ehesten darauf hinweist, dass hier eine ursprünglich selbständige Sammlung von Prophetenworten beginnt, die über 2,1–5 hinausreicht. Ob der vorliegende Text ursprünglich mit V. 4 oder V. 5 endet, ist umstritten. Deutlich ist aber, dass V. 5 im jetzigen Zusammenhang mit den V. 2–4 eine bestimmte Funktion hat und daher für den Zusammenhang der Predigt als integraler Bestandteil der Einheit betrachtet wird.

Im jetzigen Kontext geht diesem, eine heilvolle Zukunft verheißenden Text mit Jes 1,2–31 die Anklage gegen und die Ankündigung des Gerichts über Juda und Jerusalem voraus, Jes 2,1 ff. ist damit auf Anklage und Gerichtsankündigung bezogen und hält gleichzeitig Jahwes letztendlichen Heilswillen (durch das Gericht hindurch) fest.

In dieser Abfolge wird etwas sichtbar, was grundsätzlich für die sog. Zionstheologie bzw. ihre Formung und Umformung gilt. Die Zionstheologie ist ein wichtiges theologisches Konzept im ersten Teil der Bibel. V. a. im Buch Jesaja und in den Psalmen finden sich unterschiedliche Facetten einer Zionstheologie. Mit dem »Berg (des Hauses) Jahwes« wird gleich in V. 2 der Vorstellungskomplex aufgerufen, der sich mit dem in V. 3 dann explizit genannten Zion verbindet. Der Zion ist der Berg, auf dem Jerusalem liegt und der Tempel stand. Ausgeweitet werden konnte die Bedeutung des Begriffs auf die Einwohner Jerusalems, die Städte Judas oder das Volk Israel. Die Anfänge der Zionstheologie könnten in der Königszeit liegen in Verbindung mit David- und Tempeltradition. Der Zion gilt als von Jahwe selbst gegründet, dort ist er (in seinem Tempel) präsent. Und weil Gott auf dem Zion wohnt, gilt der Zion als uneinnehmbar, gehen vom Zion Gerechtigkeit, Schutz und Segen aus, behält von hier aus Jahwe den Sieg gegenüber allen Chaosmächten, seien es Naturgewalten oder in feindlicher Absicht anstürmende Völker. Diese Funktion des Zions ist aber nicht losgelöst zu denken vom Verhalten der auf den Zion bezogenen Gemeinschaft, setzt ihr Einstimmen in den Gotteswillen voraus. Die auch im Jesaja-Buch lautwerdende prophetische Kritik (vgl. Jes 1,2–31) brandmarkt dann v. a. soziale Ungerechtigkeit, als dem Willen Gottes widersprechend. Sie macht deutlich, dass Gottes Gericht unvermeidlich sein wird, wenn es nicht zu Verhaltensänderungen kommt. Die Erfahrung der Eroberung Jerusalems und die Zerstörung des Tempels 587 v. Chr. bedeutet zunächst eine tiefgreifende Infragestellung auch der Zionstheologie (vgl. dazu die Klagelieder Jeremias). Sie führt jedoch nicht zur Verabschiedung derselben, sondern diese wird weitergedacht. Es ist Gott selbst, der sich im Gericht vom Zion löst und sich gegen den Zion wendet. Nicht der Überlegenheit der babylonischen Gottheiten ist die Zerstörung geschuldet, sondern sie ist Ausdruck von Gottes Gericht. In der späten Exilszeit und der nachexilischen Zeit gewinnt die Überzeugung Boden, dass das Gericht aber nicht Gottes letztes Wort ist, sondern dass es einen Heilswillen Gottes durch das Gericht hindurch gibt. In diesem Zusammenhang kann dann auch wieder produktiv an die Zionstheologie angeknüpft werden, so wie z. B. in Jes 2,2–5.

Aus dem o. g. größeren Kontext (Jes 1,2–31) heraus kann vermutlich darauf geschlossen werden, was Inhalt der Weisung ist, die vom Zion ausgehen wird bzw. der Inhalt von Jahwes Wort (vgl. 2,3) sein wird: Es wird zentral (und erneut) um Recht und Gerechtigkeit gehen (vgl. die Vorwürfe und Aufforderungen in Kap. 1, z. B. 1,16 f.: »Lasst ab vom Bösen, lernt Gutes tun! Trachtet nach Recht, helft den Unterdrückten, schafft den Waisen Recht, führt der Witwen Sache!«; die Stichworte »Recht« und »Gerechtigkeit« durchziehen das Kapitel 1).

Der Text von Jes 2,2–4 weist große Gemeinsamkeiten mit Micha 4,1–3 auf. Möglichweise ist ein (dann als bereits vorliegend bzw. in mündlicher Überlieferung umlaufend zu denkender) Text in beide Schriften in (exilisch-)nachexilischer Zeit aufgenommen und in der Folge unterschiedlich (vgl. Jes 2,5 und Mi 4,4 f.) »eingepasst« bzw. erweitert worden. Auch eine Abhängigkeit des Jesaja-Textes vom Micha-Text oder des Micha-Textes vom Jesaja-Text wurde diskutiert. Für den vorliegenden Zusammenhang ist aber der Weg, auf dem der Text ins Jesaja-Buch fand, nicht entscheidend.

Die Vorstellung der friedlichen und positiv ausgerichteten Völkerwallfahrt zum Zion, wie sie sich in Jes 2,2–4 ausspricht, ist möglicherweise ein bewusster Gegenentwurf zur ebenfalls im AT belegten Vorstellung vom Völkersturm, bei dem Völker in feindlicher Absicht gegen den Zion anstürmen (Belegstellen nach Oliver Dyma, Art. Völkerkampf/Völkerwallfahrt: Mi 4,11–13, Joel 4; Sach 12). Dieser Gegenentwurf kann durch positive Erfahrungen, die Israel in der Zeit der persischen Vorherrschaft gemacht hat, motiviert sein, oder im Gegenteil, veranlasst sein durch negative Erfahrungen im Zuge des Zerfalls der persischen Herrschaft und der beginnenden hellenistischen Epoche und letzteren ein Hoffnungsbild entgegensetzen zu wollen. Es gibt verschiedene Ausprägungen des Motivs der Völkerwallfahrt. Für die Ausgestaltung des Motivs in Jes 2 ist die Vorstellung charakteristisch, dass die Völker

Jahwe als Friedensrichter aufsuchen und vom ihm Weisung erhoffen (vgl. Oliver Dyma, Art. Völkerkampf/Völkerwallfahrt). Wie die Wendung in V. 2 »am Ende der Tage« genau zu verstehen ist, wird diskutiert. Der Text, soviel scheint deutlich, bezieht sich nicht auf ein irgendwie gedachtes »Jenseits«, wohl aber auf »eine durch Gottes Eingreifen in die Geschichte veränderte Zukunft« (Wildenberger, 82), die aber, so wird man schließen dürfen, eine endgültig veränderte ist. Ähnlich Kaiser, der eine engere und eine weitere Definition von Eschatologie unterscheidet: die engere Definition als »Lehre vom Ende der Welt oder Menschheitsgeschichte« (23), deren Anwendung auf vorapokalyptische alttestamentliche Vorstellung wie in Jes 2,2–5 er für unangemessen hält, die weitere Definition bezogen auf Erwartungen, »die sich auf eine grundlegende Veränderung der irdischen Verhältnisse in der Zukunft beziehen, ohne Rücksicht auf ihr inner- oder außergeschichtliches Eintreffen« (23), die Kaiser für den vorliegenden Text in Anschlag bringt. Dabei scheint mit Blick auf die erwartete Zukunft ein Doppeltes zu gelten: Sie ist, so legt es der Text m. E. nahe, nicht zu denken, ohne die Einsicht der Völker, dass es Gottes Schiedsspruch und Weisung braucht sowie die Bereitschaft, sich diesem Schiedsspruch zu stellen und der Weisung entsprechend zu handeln. Einsicht und Bereitschaft der Völker scheinen wiederum ausgelöst von der Attraktivität/Anziehungskraft des Zions bzw. seinem auf diesem (nun wieder, wenn auch anders als in der Vergangenheit gedacht) gegenwärtigen Gott. So sehr also die Hoffnung auf eine grundständig veränderte heilvolle Zukunft auf Gott ruht, so sind doch die Völker nicht aus ihrer Pflicht zum Frieden entlassen. Friede kann sich nicht an ihnen vorbei realisieren. Dem entspricht vielleicht auch die abschließende Aufforderung in V. 5: »Haus Jakobs, auf, lasst uns gehen im Licht Jahwes«. Diejenigen, denen diese heilvolle Zukunft eröffnet wurde, die um sie wissen, können sich bereits auf sie hin orientieren, zuversichtlich einerseits, andererseits auch im eigenen gegenwärtigen Handeln bereits dieser Zukunft verpflichtet. Von den verschiedenen Ausgestaltungen des Motives der Völkerwallfahrt haben die Texte Mi 4,1–4 und Jes 2,2–4 die nachhaltigste Wirkungsgeschichte entfaltet. 1957 schuf der russische Bildhauer Jevgeni Vuchetich jene Skulptur, die im Garten des UNO-Hauptgebäudes in New York steht. Sie ist ein Geschenk der Sowjetunion an die UNO und »zeigt einen Mann, der ein Schwert zu einem Pflug schmiedet« (Koenen, Klaus, Art. Schwerter zu Pflugscharen). Der Titel der Skulptur

»We shall beat our swords into plowshares« nimmt Bezug auf das entsprechende Bild in Mi 4,3 bzw. Jes 2,4, lässt aber die Völker in der 1. Person sprechen, während im biblischen Text von ihnen in der 3. Person die Rede ist. »Dadurch wird aus der prophetischen Heilsschilderung ein Gelöbnis, das von Soldaten oder kriegerischen Völkern – im Garten des UNO-Hauptgebäudes wird man an die Mitgliedsstaaten der UNO denken – gesprochen wird« (Koenen, Klaus, Art. Schwerter zu Pflugscharen). 1980 machte zunächst die Friedenbewegung in der DDR, dann auch die westdeutsche Friedensbewegung eine Zeichnung der Skulptur, versehen mit dem Schriftzug »Schwerter-zu-Pflugscharen«, zu ihrem Symbol. In seinem Song »Heal the World« nimmt Michael Jackson mit »*See the nations turn their swords into plowshares* ...« (1991) ebenfalls Bezug auf die Aussage aus Mi 4,3 und Jes 2,4.

Weg zur Predigt

Zunächst denke ich an eine narrative Predigt oder zumindest einen narrativen Teil, in der der Zion selbst seine wechselvolle Geschichte erzählt. Zuletzt entscheide ich mich dagegen, halte es aber für sinnvoll und notwendig, den Predigttext in die Geschichte der Zionstheologie einzuzeichnen, d.h. diese Geschichte in die Predigt einzuflechten. Auch wenn ich selbst diesen Weg nicht wähle, wäre auch eine Predigt ausgehend von der Wirkungsgeschichte des Motivs »Schwerter zu Pflugscharen« in der Friedensbewegung denkbar.

Predigtthema

Sinnsucher unterwegs

Vorschläge zur Liturgie

Votum
Im Namen Gottes des Vaters, Quelle aller Weisheit,
im Namen von Jesus Christus, Mensch gewordene göttliche Weisheit,
im Namen des Heiligen Geistes, Schlüssel zur göttlichen Weisheit.

Gebet zum Eingang

Guter Gott,
wir kommen zu dir als Suchende.
Viele Möglichkeiten stehen uns offen,
vielen Herausforderungen sind wir ausgesetzt,
auf viele Fragen fehlen uns Antworten.
Wir kommen zu dir auf unserer Suche.
Schenke uns dein Wort und deinen Geist,
sei uns Halt.
Amen.

Psalm: Ps 46, Ps 48, (Ps 76), Ps 84, Ps 87, (Ps 14,7, Ps 133, Ps 134)

Lesungen: Mt 5,1–10; Mt 25,31–46; Joh 6,66–69

Kyrie

Manchmal sind uns die Aufgaben zu groß,
unsere Kraft ist zu klein.
Im Stimmengewirr der Meinungen,
der Schwarz-Weiß-Maler,
der Schwarzseherinnen,
derer, die es ganz genau wissen,
fühlen wir uns auf schwankendem Boden,
ringen um eine eigene Position
oder laufen Gefahr, einfach wegzuschauen und wegzuhören.
Herr, hab Erbarmen mit uns.

Gloria

Beim Propheten Jeremia hören wir den Zuspruch Gottes: Denn ich weiß
wohl, was ich für Gedanken über euch habe, spricht der Herr: Gedanken des Friedens und nicht des Leides, dass ich euch gebe Zukunft und
Hoffnung. (Jer 29,11)

Fürbitten

Wir bitten dich für alle, die auf der Suche sind:
für die, denen das Nötigste zum Leben fehlt,
für die unschuldig Gefangenen,
für die, die einsam sind,

für die, denen der Sinn ihres eigenen Lebens abhandengekommen ist,
für die Opfer von Kriegen und Gewalt,
für die, die Verantwortung tragen und Entscheidungen treffen müssen.
Wir bitten dich, schenke uns Suchenden, was wir zum Leben brauchen.
Amen.

Lieder: EG 262 Sonne der Gerechtigkeit; EG 280 Es wolle Gott uns gnädig sei; EG 295 Wohl denen, die da wandeln; EG 395 Vertraut den neuen
Wegen; EG 430 Gib Frieden, Herr, gib Frieden; EG (Pfalz) 662 Schenk
uns Weisheit, schenk uns Mut; EG (Pfalz) 663 Unfriede herrscht auf
der Erde; EG (RWL) 651 Freunde, dass der Mandelzweig; EG (RWL)
664 Wir strecken uns nach dir; NL 116 Da wohnt ein Sehnen tief in uns

Vorschlag zur Predigt

Möglicher Anfang

Berge gelten in vielen Religionen als besondere spirituelle Ort. Sie sind
dem Himmel näher, je höher sie sind. Ihre oft wolkenverhangenen Gip-
fel entziehen sich dem menschlichen Blick. Die menschliche Fantasie
besiedelt dann den den Blicken entzogenen Raum. Berge gelten in alter
Zeit als bevorzugte Wohn- oder Aufenthaltsorte von Göttern. Auf dem
ugaritischen Berg Zaphon waren zum Beispiel der Gott El und der Gott
Baal zuhause, später auf dem Berg Olymp Zeus. Berge als besondere
Orte, dem Himmel, der Gottheit nahe.

Auch im alten Israel, dessen Gotteserfahrungen und Glaubenszeug-
nisse sich im ersten Teil der Bibel niedergeschlagen haben, gibt es
eine zumindest ähnliche Vorstellung. Hier ist es der Berg Zion, der
eine besondere Rolle spielt. Allerdings ist der Zion auch von Menschen
besiedelt, die Stadt Jerusalem liegt auf dem Zion. Aber hier in Jerusalem und auf dem Zion stand auch der Tempel. Nicht *ein* Tempel, sondern der *eine* Tempel, der sich im Laufe der Religionsgeschichte des
alten Israels zur maßgeblichen Mitte der Gemeinschaft entwickelt
hatte. Dieser Tempel auf dem Zion galt als Ort, an dem Gott in besonderer Weise nahe war. Das ist der Hintergrund, wenn in etlichen Texten
im ersten Teil der Bibel der Zion eine wichtige Rolle spielt, wenn sich
mit dem Zion Zuversicht und große Hoffnungen verbinden. Der Zion
galt als uneinnehmbar, weil von Gott selbst geschützt und verteidigt.

Vom Zion, von dem auf dem Zion anwesenden Gott, gingen Schutz und Segen für das Volk Gottes aus, so die tiefe Zuversicht. 587 v. Chr. wird Jerusalem von den Babyloniern erobert, der Tempel zerstört. Das war eine tiefgreifende Zäsur und eine existentielle Infragestellung zentraler Überzeugungen und Gewissheiten, die die Gemeinschaft bisher getragen hatten.

Das Unvorstellbare war geschehen: der vermeintlich uneinnehmbare Zion war eingenommen! Warum hatte Gott den Zion nicht geschützt, warum hatte er seinen Tempel preisgegeben? War Gott den babylonischen Göttern unterlegen? Hatte man auf den falschen Gott gesetzt? Galt es jetzt den babylonischen Göttern zu huldigen, sie gnädig zu stimmen?

Der Gedanke war naheliegend, aber vielleicht auch zu einfach. Denn da waren die Stimmen der Propheten. Menschen, die seit langer Zeit immer wieder Verhaltensweisen und Entwicklungen kritisiert hatten, die ihrer Einsicht nach Gottes Willen zutiefst widersprachen. Oft ging es dabei um soziale Ungerechtigkeiten, auch um eine Vermischung von dem einen Gott und anderen Göttern. Diese Propheten waren sicher gewesen, dass Gott Ungerechtigkeiten nicht einfach auf Dauer akzeptieren konnte, dass er sie richten, sanktionieren würde, wenn es keine Veränderung dieses Verhaltens gab.

An diese Stimmen erinnerte man sich nach 587. Möglicherweise war das Geschehene nicht der Erweis der Stärke der Babylonier oder ihrer Götter. Es war der Wille des eigenen Gottes. Er hatte den Zion verlassen, hatte sich abgekehrt, hatte selbst dem Zion den Segen entzogen. Das waren harte Gedanken. Aber sie gewannen Boden. Und auf dem Boden der Schuldübernahme pflanzten wiederum prophetische Worte Hoffnungspflanzen. Schließlich wurde Jerusalem tatsächlich wieder aufgebaut, ebenso der Tempel. Man konnte nicht nahtlos an die Vergangenheit anknüpfen, die gemachten Erfahrungen blieben eine Zäsur, hatten das Verständnis von Gott und vom Zion verändert. Aber die alten Bilder vom Zion und vom Gottes Gegenwart auf dem Zion gewannen doch neue Bedeutung in diesem neuen Licht.

Zum weiteren Verlauf

Das wird hörbar beim Propheten Jesaja 2,1–5. [Verlesen des Predigttextes]. Eine Einsicht, die in der Bearbeitung der Krise von 587 v. Chr. zur Gewissheit geworden war, war, dass es nur einen einzigen Gott gibt. Als solcher ist er Schöpfer von allem und allen und sein letztendliches Ziel ist die Wohlfahrt, das Gute, das Heil für *alle*.

In unserem Text machen sich Völker und Nationen zum Zion auf den Weg. Sie sind geleitet von einer gewissen Grundorientierung. Sie machen sich zum Zion auf, weil sie die Zuversicht haben, Gott wird uns Wege aufzeigen, Wege für ein gedeihliches Miteinander. Diese Völker, so darf man schließen, bringen Erfahrungen mit, die unseren Erfahrungen nicht unähnlich sind. Erfahrungen von Unfrieden, Auseinandersetzungen, bei denen es Gewinner und Verlierer gibt und in der Regel wesentlich mehr Verlierer als Gewinner. Auseinandersetzungen, in denen Menschen Schaden nehmen an Leib und Seele, Menschen ihr Leben lassen. Auseinandersetzungen, die vielleicht in ungerechten Verhältnissen ihren Ursprung haben, aber selbst wieder mit Unrecht einhergehen.

Die Völker und Nationen suchen Wege aus diesen Teufelskreisen. Sie suchen den parteilich-überparteilichen Friedensrichter. Von dem Friedensrichter, zu dem sie unterwegs sind, erzählt man sich, dass er Partei für die Schwachen ergreift. Von ihm erzählt man sich, dass er in seinem Urteil unbestechlich ist.

Die Völker und Nationen sind bereit, sich seinen Spruch zu stellen und haben die Zuversicht, dass er Wege weiß, die die bisherigen Mechanismen von Gewalt und Gegengewalt endgültig verabschieden.

In unserem Text sind Völker und Nationen unterwegs zum Zion.

In unserer Gegenwart sind Sinnsucher unterwegs! Die moderne empirische Sinnforschung fragt danach, welche Merkmale eigentlich vorliegen müssen, damit Menschen in ihrem Leben Sinn finden. In einem Zeit-Artikel (44/2024,70) arbeiteten Tatjana Schnell und Kilian Trotier auf der Basis verschiedener Studien vier solcher Merkmale heraus: Orientierung, Bedeutung, Zugehörigkeit, Kohärenz. In Frageform formuliert: »Woran orientiere ich mich? Welche Bedeutung hat mein Dasein (...)? Fühle ich mich zugehörig, habe ich meinen Platz gefunden? Ist mein Leben stimmig, oder lebe ich in Widersprüchen?«

Die Sinnsuche ist heute Aufgabe des einzelnen. Interessanterweise zeigen Experimente der Sinnforschenden, dass Sinn dort gefunden wird, wo ich den Blick auf mich verbinde mit dem Blick in die Welt und der Frage, was es da zu tun gibt, was ich für andere tun kann.

In der kaum überschaubaren Fülle von Sinnangeboten und Sinnanbietern ist die Sinnsuche für uns Gegenwärtige schwierig. *[Hier und anstelle des Folgenden können Gedanken zum Thema der eigenen Sinn-suche ihren Ort haben.]* Persönlich bin ich dankbar, dass sich mir auf meinen Lebensweg die Zuversicht eingestellt hat, Orientierung in der christlichen Tradition und von dem Gott, den die Bibel Alten und Neuen Testaments bezeugt, zu suchen. Ich weiß mich darin zugehö-rig einer Gemeinschaft durch die Zeiten und in der Gegenwart, die diese Zuversicht mit mir teilt. In der Frage nach der Bedeutung meines Daseins und der Stimmigkeit meines Lebens erfahre ich Entlastung: Als Geschöpf und getaufter Mensch lebe ich von und mit der Zusage, dass ich gewollt bin und nicht verloren gehe. Ich höre, dass ich mit Widersprüchen, offenen Fragen, Unfertigkeiten leben muss, aber auch kann. Ein anderer gewährleistet den Zusammenhang meines Seins. Er wird den bruchstückhaften Charakter meines wie jeden menschlichen Lebens zu einem Ganzen fügen.

Möglicher Schluss

Die Völker auf dem Weg zum Zion erwarten von dort Weisung, Orien-tierung. Der Friedensrichter wird Unrecht benennen und vor Augen führen, das kann schmerzlich sein. Er wird die, denen Unrecht wider-fahren ist, ins Recht setzen. Der Text erhofft Großes. Die Völker können einstimmen, werden fähig, den gewiesenen Weg zu gehen und ihr Mit-einander ein für alle Mal friedlich, lebensförderlich zu gestalten. Soweit sind wir nicht. Aber die Leitidee und damit die Grundorientie-rung liegt uns vor. Wer Orientierung sucht bei dem Gott, wie ihn die Bibel bezeugt, der erhält keine kleinschrittige Handlungsanweisung. Wir haben die Aufgabe, im Kleinen wie im Großen, immer wieder Wege zu suchen und ganz konkret zu gehen, die Grundorientierung an Gerechtigkeit, Zuwendung zum anderen, lebensförderlichem Ver-halten und Tun mit Blick auf alles, was lebt, umzusetzen. Wir sind und bleiben gefordert. Gleichzeitig dürfen wir uns zuversichtlich und mutig dieser Forderung stellen. Bedeutung und Stimmigkeit unseres Lebens hängen nicht an Scheitern oder Erfolg.
Im Predigttext schlägt sich das Motiv der sog. Völkerwallfahrt zum Zion nieder. Die Vorstellung mit vielen anderen in Vergangenheit, Gegen-wart und Zukunft, und sei es auf noch so vielen Umwegen, auf Gott zuzugehen, ist für mich wichtig und wertvoll. Ich gehe auf diesen Gott zu, den Friedensrichter, der Unrecht benennen und vor Augen führen wird. Ich gehe auf Gott zu in der Zuversicht, dass er das Werk seiner

Hände nicht verloren gehen, sondern in seinen Frieden münden lässt. Auf, lasst uns gehen, im Licht unseres Gottes!

Gestaltungsidee

Mögliche Gestaltungselemente: Bild der Skulptur von Jevgeni Vuchetich oder die Nachzeichnung als Symbol der Friedensbewegung; Michael Jacksons Song »Heal the World«.

Symbole, Aktionen

Bei einem Gottesdienst im Freien und einem Schmied im Umfeld der Gemeinde könnte eine Aktion des »Umschmiedens« real umgesetzt werden.

Kontexte und Tipps zum Text

Der Friedensschmied von Wittenberg – eine vergessene Symbolfigur. Beitrag vom 21. September 2023 https://www.mdr.de/geschichte/ddr/politik-gesellschaft/friedensbewegung-schwerter-zu-pflugscharen-wittenberg-stefan-nau-100.html Der Beitrag berichtet über das Schicksal des Kunstschmiedes Stefan Nau, der 1983 während des Evangelischen Kirchentages in Wittenberg öffentlich ein Schwert zu einer Pflugschar umschmiedete.

Schwerter zu Pflugscharen: Das Symbol der Friedensbewegung. Beitrag vom 02. Dezember 2021 https://www.mdr.de/geschichte/ddr/politik-gesellschaft/kirche/schwerter-zu-pflugscharen-aufnaeher-kirche-sozialismus-ddr-100.html Der Beitrag berichtet über Hans-Michael Wenzel, den Chef einer kleinen Textildruckerei in Herrenhut. Im Auftrag der evangelischen Landeskirche druckte er »textile Lesezeichen für eine Friedensdekade«, mit einer Nachzeichnung der Skulptur »Schwerter zu Pflugscharen«.

9. Sonntag nach Trinitatis
Phil 3,(4b-6)7-14

Carsten Schulze

Erste Begegnung mit dem Text

Vergangenheit achten, die Herkunft bedenken, aufbauen auf dem, was ich von den »Altvorderen« bekommen habe, Traditionen pflegen und weiterführen, so habe ich es einmal gelernt. Eine Tante von mir hat für jeden ihrer Neffen und jede ihrer Nichten bestimmte Geschirre und Gläser angeschafft, damit wir »repräsentieren« können, wenn wir Gäste haben. Ein edles Ansinnen, damals im auslaufenden 20. Jahrhundert. Heute, 40 Jahre später, kommt dieses Geschirr und das Bleikristall höchst selten zum Einsatz und hat immer einen Hauch von Nostalgie und angestaubtem Charme; meine Herkunft spielt keine Rolle mehr, die Zeit großbürgerlicher Traditionen ist vorbei. Sicherlich gab es da viele ehrenwerte Ideale, nicht alles war schlecht in dieser Zeit, aber auch nicht alles gut.

Wir alle kennen Brüche im Leben, Umbrüche, die unser Leben verändern, die unsere »alten« Ideale infrage stellen, und wir brauchen neue Orientierungspunkte.

Leben verändert sich, neue Perspektiven ergeben sich. Menschenleben ist nicht linear, es wird immer wieder »erschüttert«, trotzdem können wir uns nicht vollständig von unserer Vergangenheit lösen, sie begleitet uns und bleibt im Hintergrund.

Und deshalb muss ich sagen: »Nein, lieber Paulus, ich kann keinen kompletten Bruch herstellen und auch dir gelingt es nicht in Gänze. Und weißt du was? Das ist in Ordnung so. Du gehst neue Wege auf der Grundlage der alten. Deine Erkenntnisse wären ohne deine vorherige Geschichte gar nicht denkbar. Was könntest du uns über Schuld und Missetat lehren, wenn du im Rahmen der Verfolgung der Christinnen und Christen deiner Zeit keine Schuld auf dich geladen hättest? Was könntest du uns über tiefen Glauben erzählen, wenn er dir nicht schon in deiner Jugend vermittelt worden wäre und du ihn – vielleicht in anderen Formen und Traditionen – nicht gelebt hättest? Du kennst die Gefahren, die vom Fanatismus kommen, und kannst deshalb erkennen, wo er dir begegnet. Es war kein Dreck, es ist deine Geschichte, mit ihr lebst du, mit ihr wirkst du – bis heute! Aber – du hast einen wichtigen Schritt gewagt, bist deinen Weg gegangen, hast deiner Erkenntnis getraut, deinem eigenen Glauben und hast Freiheit gefunden in der Liebe, die dir in Jesus Christus begegnet ist.«

Exegetische Skizze

Der Philipperbrief ist vor allem wegen seines Christushymnus' (Phil 2,5–11) bekannt.

Er wurde offensichtlich aus der Gefangenschaft in Rom geschrieben, also datiert er ca. in das Jahr 59 n. Chr. (vgl. Roloff, Jürgen, Einführung in das Neue Testament, Stuttgart, 1995, 139–140)

Philippi ist die erste Gründung einer christlichen Gemeinde des Paulus auf europäischem Boden (vgl. Apg 16,11–40), dieser Gemeinde blieb er zeitlebens in besonderer Weise verbunden.

Man ist sich nicht ganz sicher, ob der Abschnitt Phil 3,2 – 4,3 eingeschoben wurde, also ein später versandter Brief ist, der redaktionell eingearbeitet wurde, oder ob dieser Einschub direkt im Brief zu finden war, als Abgrenzung zu judaistischen Tendenzen im frühen Christentum und offensichtlich auch in Philippi. Dieser Einschub ist jedoch nur schwach belegbar. Es ist trotzdem ein Indiz dafür, wie sehr in den Auseinandersetzungen zwischen judenchristlichen und heidenchristlichen Vertretern in den frühchristlichen Gemeinden gerungen wurde.

Paulus grenzt sich mit scharfen Worten von seinen eigenen jüdischen Wurzeln ab, betont jedoch zugleich seine jüdische Herkunft bis in den Stamm Benjamin.

Die gewählten Worte müssen wir also im Kontext dieser Auseinandersetzungen verstehen, lesen wir sie mit heutigem Verständnis, könnten wir den Text in seiner Härte missverstehen.

Paulus formuliert hier in scharfen Worten Brüche zu seiner jüdischen Vergangenheit und Denkweise, wie wir sie selten vorfinden. Hier spürt man die elf Jahre, die seit dem Apostelkonzil vergangen sind, und wie sehr sich die Positionen voneinander entfernt haben.

Weg zur Predigt

Ich tue mich schwer mit der Härte des Paulus gegenüber seiner eigenen Vergangenheit, die im historischen Kontext wohl verständlich ist, aber sich nicht mit meiner Erfahrung von Brüchen im Leben von Menschen deckt. Selbst wenn wir uns von unserer Vergangenheit abgrenzen, wir werden sie nie ganz los. Sie bleibt prägend, aber wir dürfen uns von ihr entfernen, neue Wege gehen und vergangenen Zeiten die Bedeutung geben, die uns angemessen erscheint.

Predigtthema

Eine angemessene Einordnung der Vergangenheit, damit zukünftiges Leben gelingen kann

Vorschläge zur Liturgie

Votum
Unser Anfang geschehe im Namen Gottes, dem Anfang allen Seins,
im Namen Jesu Christi, der Liebe lebte und das Leben liebte,
im Namen der Heiligen Geisteskraft, die Mut macht, Wege der Liebe
zu gehen.
Amen.

Gebet zum Eingang
Ewiger Gott,
wir kommen hierher aus unserem Alltag, und bringen so viel mit.
Geschichten unseres Lebens, Vergangenheit, Erinnerungen,
Schönes und Schweres, aber auch unsere Gegenwart,
was uns täglich beschäftigt und in Anspruch nimmt.
Wir bringen dir heute auch unsere Sehnsucht
nach gutem, gelingendem Leben,
nach Weite, Frieden und Liebe.
Schenk uns in diesem Gottesdienst ein offenes, liebendes Herz
für das, was war, und ist und sein wird,
das bitten wir durch Jesus Christus.
Amen.

Psalm: Ps 62,2–9 (Psalm des Tages)

Lesung: Apg 9,1–9+17–19

Lieder: NL+ 123 Du bist mein Zufluchtsort; NL+ 119 Der mich atmen lässt; NL+ 178 Meine engen Grenzen

Vorschlag zur Predigt

Möglicher Anfang

Liebe Gemeinde,

wie geht man mit »Familiengeschichte und Familiengeschichten« und damit auch mit seiner eigenen Vergangenheit um?

In den letzten Jahren beobachte ich immer häufiger, dass alte Fotos, Briefe, Unterlagen, Namenslisten und Ahnentafeln, ja, sogar alte Stammbücher in den Ofen fliegen oder dem Altpapier zugeführt werden. Geschichte und Geschichten fallen dem Vergessen zu.

»Heute machen wir das ja anders! Wer braucht denn diesen alten Kram noch? Das interessiert doch ohnehin niemanden mehr, alter Ballast, der weg muss!«

Manchmal kann ich das gut verstehen und in einer hochmobilen Gesellschaft, in der häufig umgezogen wird, alte Häuser veräußert, renoviert oder abgerissen werden, da fühlt sich all das wirklich wie Ballast an.

Ein Kollege von mir hat sich selbst zum »Archivar« seiner Familie gemacht, er sammelt Unterlagen, Lebensbeschreibungen, alte Bilder, die er beschriftet, damit man später noch weiß, wer die Menschen auf den Bildern sind. Und es gibt Tage, da melden sich junge Familienmitglieder bei ihm und besuchen ihn; einen Nachmittag oder Abend verbringen sie dann mit ihm. Sie holen die alten Unterlagen raus, lesen Lebensgeschichten, betrachten Bilder und bedenken ihre Wurzeln. Gleichzeitig fragen sie sich oft, welchen Einfluss das Leben ihrer »Altvorderen« auf ihre Art zu leben hat.

In Familienaufstellungen lernen wir immer wieder, dass wir – ob wir es vor Augen haben oder nicht – beeinflusst sind von der Vergangenheit. Erfahrungen, die Generationen vor uns gemacht haben, setzen sich fort und werden bewusst oder unbewusst weitergegeben.

Umso besser und wichtiger, sie vor Augen zu haben. Ihnen mit Achtung und Respekt begegnen, sie aber auch in ihre Grenzen zu weisen. Ein Mensch kann entscheiden, ob er eine Geschichte der Gewalt weiterführt oder sich bewusst gegen sie entscheidet, aber es hilft, darum zu wissen, woher sie denn kommt.

Wir können auch entscheiden, ob wir Gutes weiterführen, das erleben wir oft in Weihnachtstraditionen, die von Generation zu Generation weitergetragen werden (weil sie wohltuend waren).

In unserem Predigttext macht Paulus einen Schnitt, so scheint es. Er will vergessen, achtet die Vergangenheit, seine Vergangenheit gering, angesichts der Zukunft und der neuen Perspektive, die er in Jesus Christus sieht. Und ja, er nimmt da Worte Jesu ernst: *»Wer die Hand an den Pflug legt und sieht zurück, der ist nicht geschickt für das Reich Gottes.«* (Lk 9,62)

Mir fällt auf, dass er seine Vergangenheit zurücklässt und gleichzeitig einen Weg geht, bei dem ihm bewusst ist, dass er die Freiheit, die Gerechtigkeit, die innere Gewissheit noch gar nicht hat.

Glauben, so lerne ich von ihm, bedeutet nicht, alles in der Hand zu haben, sondern seiner Sehnsucht folgen, die ihm ins Herz gegeben ist, und dabei auch Brüche in Kauf zu nehmen.

»Nicht, dass ich's schon ergriffen habe oder schon vollkommen sei; ich jage ihm aber nach, ob ich's wohl ergreifen könnte, weil ich von Christus Jesus ergriffen bin.«

Da ist mir etwas ins Herz gelegt, dass mich auf neue Wege führt. Eine Sehnsucht, eine Ahnung, eine Veränderung, die ich spüre und der ich nachgehen will.

Zum weiteren Verlauf

Immer wieder begegnen mir Menschen (vielleicht gehöre ich auch dazu?), die ihrem Leben eine Wende gegeben haben oder deren Leben sich – aufgrund äußerer oder innerer Veränderungen – gewendet hat. Die »toxische«, schwierige Beziehungen verlassen oder sich aus Zwängen befreit haben.

Dazu gehört eine große Portion Mut und Kraft, eine tiefe Sehnsucht nach Veränderung. Manchmal gehört auch dazu, dass man mit der Vergangenheit bricht, Orte und Menschen zurücklässt, um frei zu sein und ein gutes Leben zu führen, das sich stimmig anfühlt.

Da gibt es den Suchtkranken, der erkennen muss, dass er immer wieder in die Sucht zurückfällt, wenn er mit bestimmten »alten Freunden« wieder zusammenkommt und in alte Verhaltensmuster fällt ...

Da gibt es die junge Frau, die der häuslichen Gewalt entflieht und das Elternhaus nicht mehr betreten kann und will, um nicht wieder zum Opfer zu werden.

Mir begegnet ein junger Mann, der sich in seinem Heimatort als schwul geoutet hat und nun das Gefühl hat, dort nicht mehr »zu Hause« zu sein, weil er Ablehnung erlebt und sich nun fremd fühlt.

Da gibt es Menschen, die spüren, dass sie in einem anderen Land leben möchten, ein anderes Lebensmodell probieren wollen, weil das alte nicht mehr mit ihren Idealen oder Zielen übereinstimmt.

Wie schwer es ist, andere Lebensweisen im »alten« Umfeld umzusetzen, das wissen wir alle.

Da kommen die klassischen Sätze auf: »Warum willst du das machen? Das Alte war doch gut so und du weißt doch gar nicht, ob das Neue überhaupt was taugt. Du jagst Träumen nach. Besser der Spatz in der Hand als die Taube auf dem Dach. Das war doch schon immer so! Das haben wir noch nie anders gemacht!«

Ja, manchmal muss man alte Strukturen verlassen, um für sich selbst neues, gutes Leben zu ermöglichen, aber leicht ist das nicht. Paulus ist ein Mann klarer Worte und Wege. Er ist und bleibt ein streitbarer Mann, der den Konflikt nicht scheut, der Ziele zu verfolgen versteht. In seinem »alten Leben« als Saulus, wie auch auf seinem »neuen Lebensweg« als Paulus.

Auch an ihm können wir erkennen: Ich kann ein neues Leben beginnen, doch meine Vergangenheit bleibt. Sie prägt mich, mein Verhalten, meine Wahrnehmung, auch meine Begabungen. Und das ist in Ordnung so.

Möglicher Schluss

Nun aber schreibt Paulus selbst: »Eins aber sage ich: Ich vergesse, was dahinten ist, und strecke mich aus nach dem, was da vorne ist, und jage nach dem vorgesteckten Ziel, dem Siegespreis der himmlischen Berufung Gottes in Christus Jesus.«

Paulus hat den Sinn seines Lebens in der Begegnung mit dem auferstandenen Christus vor den Toren von Damaskus und den darauffolgenden drei Tagen in Blindheit neu überdacht. Sein Weltbild geriet ins Wanken, die Liebe Jesu Christi hat ihn tief berührt und seine Prioritäten komplett verschoben. So etwas nennt man heute eine »Krise«, die alles infrage stellt, was vorher war. Eine tiefe Sehnsucht wurde in ihm geweckt, die so stark war, dass er sein »altes Leben« hinter sich ließ, dass er mit dem Freundeskreis und seinen Auftraggebern brach und einen Neubeginn wagte.

Und doch ist in seinem ganzen brieflichen Werk seine Vergangenheit spürbar. Sein Talent der Sprache, sein Wissen um die rabbinische Auslegung und die Schriften des Alten Testamentes. Ja, seine Ziele haben sich verschoben, aber sein Wirken ist geprägt von seiner Vergangenheit.

Wie gehen wir also mit unserer Vergangenheit um?

Sie darf uns begleiten, sie darf uns in Erinnerung rufen, woher wir kommen, sie ist und bleibt unsere Wurzel. Aber wir dürfen entscheiden, wieviel Macht sie in Zukunft haben wird. Wir dürfen fragen: Dient sie der Liebe? Bringt sie mich dazu, Menschen offen zu begegnen? Unterstützt sie mich, meiner Berufung zu folgen? Oder verhindert sie echte Begegnung, mit mir selbst und meiner Berufung, mit meinen Mitmenschen, mit Gott? Dann dürfen wir sie getrost auf ihren Platz verweisen, liebevoll, aber bestimmt.

Denn Glauben leben heißt auch, der Sehnsucht zu folgen, die uns von Gott ins Herz gegeben ist – in aller Klarheit.

Amen.

Autorinnen und Autoren

Pfarrerin Doris **Agne**, Käshofen
Superintendentin Almut **Bellmann**, Berlin
Pfarrer Thomas **Borchers**, Landau
Pfarrer Prof. Stefan **Claaß**, Herborn
Pfarrerin Dr. Anja Angela **Diesel**, Ruppertsberg
Pfarrer Anselm **Friederich-Schwieger**, Neckargemünd
Pfarrer Lutz **Gräber**, Luhden
Pfarrer Dr. Dieter **Heidtmann**, Ostfildern
Pfarrer Dr. Stefan **Holtmann**, Hamburg
Pfarrer Martin **Ost**, Berlin
Oberkirchenrätin Antje **Pech**, Görlitz
Pfarrerin Friederike **Reif**, Neustadt a. d. Weinstraße
Pfarrerin Merle **Remler**, Berlin
Pfarrer Carsten **Schleef**, Neunkirchen-Seelscheid
Pfarrer Carsten **Schulze**, Essingen
Pfarrerin Bettina **Schwietering-Evers**, Berlin
Pfarrerin Dr. Stefanie **Sippel**, Berlin
Pfarrer Olaf **Trenn**, Berlin
Pfarrerin Dr. Sigrun **Welke-Holtmann**, Homburg/Saar